Lost & Dark Places
Rheinland-Pfalz

Hildegard von Bingen verbrachte 39 Lebensjahre
in einer Frauenklause auf dem Disibodenberg (Kapitel 3).

Holger Mathias Peifer

Lost & Dark Places
RHEINLAND-PFALZ

33 vergessene, verlassene und unheimliche Orte

BRUCKMANN

↑ Schinderhannes Räuberburg im brennenden Sonnenlicht (Kapitel 9)
↓ Haben wir Papiermangel, weil die Papierfabrik zerfällt? (Kapitel 18)
↘ Auch im UNESCO Welterbe Oberes Mittelrheintal bröckelt es (Kapitel 8).

INHALT

33 LOST & DARK PLACES

↑ Heizung und warmes Wasser für die geheime Luftüberwachung (Kapitel 26)
↗ Bad Nanny: Dem Kindererholungsheim weint keiner nach (Kapitel 21)

PFÄLZER GESELLIGKEIT UND RHEINISCHER HUMOR

Viele hielten es für einen Fehler, dass sich Rheinländer und Pfälzer ab 30. August 1946 ein Bundesland teilen und sich in der Verwaltung mit den anderen arrangieren mussten. Zu verschieden seien die regionalen Eigenheiten, die Kultur und die Menschen. Man höre es ja schon in der Sprache. Die beiden verstehen sich ja nicht mal. Ja, auf den ersten Blick könnte man das tatsächlich meinen. Doch wer genauer hinschaut, entdeckt durchaus eine ganze Reihe von Gemeinsamkeiten, viele kleine und eine ganz große: Denn abgesehen von allem anderen eint sie der Hang zu Geselligkeit und Fröhlichkeit.

Nicht nur während der Faschingsfeiern taucht man im Rheinland zwischen bis dato Unbekannten unter, trinkt mit neuen Kameraden und schließt vielleicht sogar Freundschaften, die sich über Jahre halten. Noch schneller und oft anlasslos findet man sich in der Pfalz in ein Gespräch mit wildfremden Menschen verwickelt. Egal, wo man ist, ob im Schwimmbad, Restaurant, beim Einkaufen und selbstredend auf Volksfesten. Oft reicht es schon, dass man irgendwo herumspaziert und vielleicht die Kamera auf den Dorfbrunnen richtet. Schon wird man freundlich angesprochen: »Mache Se awer mol e paar scheene Bilder vun unserm Dorf!« »Ja, natürlich! Aber ich suche ja eigentlich etwas …« Und schon hat man die gewünschte Auskunft.

Die moderne Heimschule am Laacher See wurde zum Eifelschreck (Kapitel 12).

So klingt es fast wie ein Märchen, wenn man hört, dass es auch mal bösartig zugehen konnte, dass Erholungsheime oft gar nicht erholsam, sondern der einsamste Ort der Welt sein konnten. So mancher trägt heute noch die Narben auf der Seele, die aus einsamen und erniedrigenden Kindheitstagen im sauerstoffreichen, tiefen Pfälzerwald zurückgeblieben sind. Und dunkel blieb auch die eine oder andere Episode zwischen den bewaldeten Hügeln im Süden des Landes und den kargen Höhen der Eifel in Dunst und Nebel verborgen. Dort steht immer noch die Bauruine der Kanzlervilla auf einem Berggipfel hinter einem dichten Vorhang aus Laubwerk verborgen. Warum und wieso, ist schon klar! Aber nur so ungefähr! Was ist genau passiert? Wer hat wann, wo mit wem? Da ist einfach kein Licht reinzubringen und man kann nur mutmaßen. Trotz «in dubio pro reo« ist eines doch klar: Hinter den Kulissen hat der Rheinländer mit dem Pfälzer so manches Geschäftchen abgesprochen, das heute so nicht mehr ganz korrekt wäre. Aber vielleicht war das damals ja genau richtig so – andere Zeiten, andere Sitten – und andere Kulturpflanzen. Früher bedeckten die goldgelben Hanfblüten weite Teile der Rheinhessischen Hügel und wurden vor Ort verarbeitet. Gab es damals Hanffeste statt Weinfeste?

Und dann trieb sich zwischendrin vom Hunsrück aus operierend zu allem Überfluss noch der ein oder andere Räuber mitsamt seiner Bande und seinen Gespielinnen herum. Übermütig feierten sie Räuberfeste mit der einheimischen Bevölkerung. Die gibt es noch heute als überregional bekannte Volks- und Dorffeste. Wären sie möglich, wenn man ihm nicht Anfang des 19. Jahrhunderts vor 30000 Zuschauern den Kopf abgehackt hätte?

Doch ich will hier nicht zu viel vorgreifen und wünsche einfach viel Spaß beim Eintauchen in die dunklen Geschichten aus Rheinland-Pfalz!

Liebe, Blut und Tod am Drachenfels bei Busenberg (Kapitel 6)

VERHALTENSREGELN FÜR LOST PLACES

1. Behandeln Sie die Orte mit Respekt

Jedes Bauwerk und jedes Gebäude erzählt eine Geschichte aus vergangenen Tagen. Dies gilt es zu schützen. Und auch wenn es teilweise nicht so aussieht, aber jeder dieser Lost Places hat einen Eigentümer. Das sollte respektiert werden. Das beinhaltet vor allen Dingen, dass nichts zerstört oder gewaltsam geöffnet wird. Sind Fenster oder Türen verschlossen, sollte das auch so bleiben. Gehen Sie respektvoll mit dem Ort um.

2. Nehmen Sie nichts mit, lassen Sie nichts da

Wenn Sie etwas von einem Lost Place mitnehmen, und sei es noch so klein, ist es Diebstahl. Wie bereits in Punkt 1 gesagt, alle diese Orte haben einen Eigentümer. Daher gilt die Regel: Alles bleibt, wie es ist. Belassen Sie es bei den schönen Einblicken und Fotos, die Sie an dem Ort machen. Gleiches gilt auch umgekehrt: Lassen Sie nichts liegen. Keine Essensreste, keine Kaugummis, keine Kippenstummel.

3. Rauchen verboten

Das bringt uns zum nächsten Punkt: Rauchen verboten. Zollen Sie dem ehrwürdigen Ort Respekt und verzichten Sie für die Zeit, die Sie da sind, auf das Rauchen. Kippenstummel brauchen nicht nur 15 Jahre zum Verrotten (sie sollten übrigens nirgends achtlos weggeworfen werden), sondern können schnell ein Feuer verursachen.

4. Keine Graffiti

Dass Sie nichts hinterlassen sollen, gilt auch für Kunstwerke an den Wänden. Man sprüht einfach nicht auf fremdes Eigentum, sei es noch so schön. Lassen Sie die Wände wie sie sind, sodass auch noch Menschen nach Ihnen den Ort so erleben können, wie er früher einmal war.

5. Seien Sie vorsichtig

Vorsicht ist besser als Nachsicht. Das gilt vor allem bei Lost Places. Marodes Holz, verrostete Geländer, einsturzgefährdete Decken, lockere Böden (teilweise befinden sich noch Kellergeschosse darunter), eingeschlagene Fenster – die Liste der Gefahren solcher Orte ist lang. Seien Sie daher immer wachsam. Begeben Sie sich niemals in Gefahr für das eine Foto. Das ist es nicht wert. Treppen und obere Etagen sind eine gängige Gefahrenquelle. Schauen Sie sich den Zustand der Treppe und der Decke genau an. Nehmen Sie auch eine Taschenlampe für dunkle Räume und Keller mit.

Abgefackelt: die Brandruine des Wellnesshotel Junkersmühle (Kapitel 30)

Ein Freibad für die Ertüchtigung
der deutschen Jugend (Kapitel 10)

6. Gehen Sie nicht allein

Es ist ratsam, immer mindestens zu zweit, besser noch zu dritt, einen Lost Place zu besuchen. Da gilt die alte Regel: Ist eine Person verletzt, bleibt die zweite vor Ort und die dritte holt Hilfe. Zudem weiß man nie, wen man vor Ort trifft. Plünderer, Spinner und betrunkene Jugendliche sind auch oft in Lost Places anzutreffen. Da ist es beruhigender, nicht allein unterwegs zu sein.

7. Erregen Sie kein Aufsehen

Da viele Lost Places in Privatbesitz sind, gilt hier »Betreten verboten«. Auch, wenn das Tor angelweit aufsteht oder ein riesiges Loch im Zaun ist. An Orten, an denen das Zugangsrecht nicht ganz klar ist, ist es ratsam, sein Auto nicht direkt vor dem Gelände zu parken.

Ausrüstung

Wir empfehlen Folgendes:

- Festes Schuhwerk, hohe Socken (Schutz vor Zecken)
- Reißfeste Kleidung, ggf. leichte Regenjacke
- Kamera inkl. Zusatzakku, Speicherkarten, Stativ
- Proviant und Getränke (nehmen Sie aber alles wieder mit)
- Kopf- oder Stirnlampe für freie Hände
- Taschenlampe mit weitem Winkel für Keller und dunkle Räume
- Taschenmesser
- Aufgeladenes Handy (ggf. Powerbank)
- Notizblock und Stift
- Pflaster und Taschentücher für Verletzungen
- Mücken- und Zeckenspray

Ein doppelter Sicherheitszaun mit elektronischer Überwachung für nichts (Kapitel 23)

Ein Bergwerk als barockes Gesamtkunstwerk:
Den einstigen Flair der Amalienhöhe kann man nur noch erahnen (Kapitel 14).

1

DER SCHREI

Villa Glaeser, Eselsfürth

Wohnhaus, repräsentatives Herrenhaus und Kunstgalerie in einem: Die Villa Glaeser wurde gebaut, um Kunst in Szene zu setzen, und war doch selbst ein Kunstobjekt.

Villa Glaeser Eselsfürth 22, 67657 Kaiserslautern **GPS** 49.460387, 7.826179
Anfahrt Auto: A6 bis Abfahrt Kaiserslautern Ost, weiter L401;
ÖPNV: Zug bis HBF KL, zu Fuß zur Haltestelle Marienkirche,
Bus SWK104 bis Luxemburger Str., 25 min zu Fuß nach Eselsfürth

Im an einen Turm erinnernden Eingangsbereich waren die Wirtschaftsräume untergebracht.

VISIONEN Wer kennt das bekannte Motiv »Der Schrei« von Edvard Munch nicht? Eine Angstattacke beim abendlichen Spaziergang hatte den Maler befallen: Ein Schrei ging durch die Natur der norwegischen Fjorde, durchdrang alles und jeden. Keine Chance zu entkommen und nicht von tiefer Verzweiflung befallen zu werden. Das Erlebnis läutete den Expressionismus in der Malerei ein. Das Bildmotiv gilt als Spiegel des Künstleregos, die Natur im Bild als Darstellung seiner inneren, existenziellen Ängste, zum Ausdruck gebracht in dunklen Pastelltönen unter einem roten Himmel. Wer das Gemälde betrachtet, wird unweigerlich in seinen Bann gezogen, muss ebenfalls den Mund zu einem gequälten, stummen Schrei formen. Würde man das Motiv aus der Malerei in die Architektur übertragen, käme ohne Zweifel die Villa Glaeser in ihrem heutigen Zustand heraus. Doch sie ist keine Kunst – mehr. Vom einstigen Vorzeigeobjekt der Bauhausära – das einzige seiner Art in der Pfalz – übrig geblieben sind nur noch die Einsamkeit und Existenzängste. Wenn ein Haus schreien kann, dann ist es die Villa Glaeser.

EMAIL machte Max Glaeser um die Jahrhundertwende des 20. Jahrhunderts zu einem vermögenden Mann. Gemeint ist natürlich nicht die elektronische Post, sondern die glasartige Beschichtung aus natürlichen Stoffen, die wir von Haushaltswaren, aber auch in Industrie, Handwerk und Kunst kennen. Obwohl der Stoff schon seit mehr als dreitausend Jahren bekannt ist – wir haben Grabbeigaben aus Email in den mykenischen Gräbern auf Zypern gefunden –, fand er erst im 19. Jahrhundert großflächig Verwendung. Als Schutzüberzug hindert Email Blechgeschirr am Rosten, wirkt bakterienabweisend, ist langlebig, kann bedruckt oder künstlerisch verziert werden und ist im Gegensatz zu so mancher moderner Beschichtung gesundheitlich unbedenklich. Wer sich über die Schreibweise wundert: Ja, in der Tat liest man heute vermehrt die französische Schreibweise Emaille. Doch in der Kunst spricht man nach wie vor von Email. Und Kunst war die große Leidenschaft von Max Glaeser, dem Besitzer der Email-Fabrik auf der Eselsfürth.

Der Haupteingang von Villa Glaeser führte zum Kunst- und Präsentationsbereich.

KAISERTUM Das Munch-Museum in Oslo ist eins der weltweit größten Museen, das sich nur mit einem einzigen Künstler beschäftigt. Mehr als 1000 Gemälde und fast 5000 grafische Zeichnungen vermachte Edvard Munch der norwegischen Hauptstadt. Der Ausnahmekünstler hatte zu seinen Lebzeiten etwas geschafft, was anderen Malern erst nach ihrem Ableben gelang: Er galt als Wegbereiter und Erschaffer einer neuen Epoche, wurde innig geliebt oder abgrundtief gehasst – vor allem in Deutschland, dessen Kunstverständnis weitestgehend dem kaiserlichen Gedankengut entsprach. Als Berlin die große, internationale Kunstausstellung des Jahres 1891 vorbereitete, war Masse statt Klasse gefragt: Populäre Gemälde zeigten Landschaften, Berge und Schiffe. Neue Kunstrichtungen hatten keine Chance, galten als anarchistisch und umstürzlerisch. Daher wurden die eingeladenen Künstler ständig überprüft und bewertet und dann auch wieder ausgeladen – oder sie boykottierten die Veranstaltung gleich. Zu einer ausgeladenen Gruppe norwegischer Künstler gehörte Edvard Munch, der bis dato noch unbekannt war.

DER FALL MUNCH Doch auch in der Kunstwelt Deutschlands gab es Gegenpositionen zur konservativen Führungsriege. So wurde Munch ein Jahr später zu einer großen Einzelausstellung nach Berlin eingeladen. Seine 55 ausgestellten Gemälde brachten ihm plötzliche Berühmtheit und einen Abbruch der Ausstellung ein. Dabei waren es nicht einmal die Motive, die Munch so harsche Kritik einbrachten. Seine Technik, die Art, wie er die Farben auftrug, wieder abschabte und noch einmal übermalte, war bis dahin unbekannt und entsprach nicht dem ästhetischen Empfinden vieler Konservativer. Das Thema Munch beherrschte die Berichterstattung und teilte das Kaiserreich in zwei Lager. Die Presse sprach – vielleicht zum ersten Mal – von »entarteter Kunst«, einem Schlagwort, das 40 Jahre später in die NS-Propaganda einzog. Munchs Bilder waren dabei nur Nebensache. Wurden sie in den Artikeln erwähnt, dann meist in spöttischen Nebensätzen. Es verkaufte sich doch viel besser, wenn man die Entgleisung der Kunst im Allgemeinen verurteilte und als »Anstreicharbeiten« beschimpfte.

Hinter den lichtdurchfluteten Ausstellungsräumen befanden sich die Privaträume Glaesers.

SAMMLER Doch trotz aller Häme blieb Munch gute 20 Jahre in Deutschland, wo er in Berlin lebte und arbeitete. Dort hatte er Gelegenheit, sich mit anderen Künstlern, auch aus anderen Disziplinen, zu treffen. Dazu gehörten Dichter, Poeten und Kunsthistoriker. Sie unterstützten sich gegenseitig und bildeten bald die Berliner Avantgarde. Ihre Werke fanden sich natürlich nicht in den großen Kunstausstellungen, deren Exponate vom preußischen Staat angekauft wurden. Dennoch gelang es der Gruppe, sich eine Fangemeinde von privaten Sammlern aufzubauen. Mit deren Hilfe konnten die Künstler überleben und auf eigene Kosten Ausstellungen organisieren. Einer dieser Gönner und Sammler war Max Glaeser, Besitzer der Emailfabrik auf der Eselsfürth.

Lichtband am Hauswirtschaftsturm über dem Nebeneingang

WOHNGALERIE Wann und wie sich Max Glaeser, der beruflich viel unterwegs war, und Edvard Munch zum ersten Mal begegnet sind, ist nicht belegt. Doch das Munchmuseum ist im Besitz von Handschriften und Briefwechseln, die untermauern, dass sich Glaeser und Munch persönlich kannten. Glaeser kaufte mehrere Bilder des Norwegers, darunter auch die »Landschaft mit rotem Haus«, dessen Verbleib heute nicht geklärt ist. Um die Bilder Munchs und anderer Künstler besser in Szene zu setzen, beschloss der gesundheitlich stark angeschlagene Unternehmer, sich in den Jahren 1928/29 gleich neben seiner Fabrik ein neues Domizil zu errichten. Es sollte gleichzeitig Wohnhaus und Kunstgalerie sein. Mit der Ausführung wurde kein Geringerer als Hans Herkommer aus Schwäbisch Gmünd beauftragt.

HANS HERKOMMER Der Schwabe steht seinerseits, so wie Munch in der Malerei, für das Neue Bauen in der Architektur. Seine Gebäude begeistern die Betrachter noch heute und bilden Markenzeichen in Städten und Gemeinden. Dazu zählen der Becker-Turm in Sankt Ingbert, die Frauenfriedenskirche in Frankfurt oder das Rathaus von Villingen-Schwenningen. Seine Planungen wurden vielfach beachtet und besprochen, da sie Althergebrachtes über Bord warfen und seine Räume eine bis dahin nicht für möglich gehaltene Freiheit vermittelten. Eines seiner Meisterstücke war die Villa Glaeser, mit ihren drei asymmetrisch verschachtelten Kuben in unterschiedlicher Höhe. Jeder einzelne war einem bestimmten Zweck gewidmet: Ausstellungsräume für die Kunstsammlung, Herrensalon und Wirtschaftsteil. Der Besuch und das Studium des einmaligen und denkmalgeschützten Gebäudes stand noch vor wenigen Jahren auf dem Pflichtprogramm des Architekturzweiges der TU-Kaiserslautern.

Ursprünglich überraschte Villa Glaeser mit einer rosa eingefassten Putzfläche sowie weißen und gelben Fensterrahmen.

VERFALL UND VANDALISMUS Max Glaeser konnte das Haus nicht lange genießen. Er starb schon 1932, nur drei Jahre nach der Fertigstellung, infolge seines Herzleidens. Doch sein Erbe wurde gut verwaltet. Noch im Jahre 2007 befand sich Villa Glaeser in ordentlichen Zustand mit der originalen Ausstattung, wie Herkommer es geplant hatte. Sicher, es lagen ein paar Schönheitsreparaturen am denkmalgeschützten Gebäude an, doch soll es sich um nichts Weltbewegendes gehandelt haben. Dann zogen die Mieter aus und das Haus stand zu Verkaufszwecken leer. Rapide verschlechterte sich die Bausubstanz. Doch der Verkauf ging noch über die Bühne. Wer hoffte, dass damit neues Leben an der Eselsfürth einzog, irrte: Der Käufer blieb unsichtbar, das Gebäude verkam. Waren es Kupferdiebe, die das Dach entwendet und ihren Reibach gemacht haben? Wer weiß, jedenfalls ist es nicht mehr da. Seither regnet es in die Räume hinein. Die Decken sind eingestürzt, die Räume stark einsturzgefährdet und nicht mehr betretbar. Die Situation ist fatal. Falls überhaupt noch etwas zu retten ist, dann müsste es sehr schnell geschehen.

Das besondere Erlebnis

Rätselhafte Zeichen finden sich nördlich der Villa Glaeser im Wald. Dort führt ein alter Pflasterweg aus vermutlich vorrömischer Zeit durch den Wald. Unterwegs finden sich noch Menhire aus alter Zeit und wer möchte, kann bis auf den alten Keltenberg, den Donnersberg, wandern. Für den kürzeren Ausflug in die Vergangenheit bietet sich ein 12 Kilometer Rundwanderweg an.

Die Kultstätte aus heidnischer Zeit wurde über Jahrhunderte hinweg zum Felsenkloster und Wallfahrtsort weiterentwickelt.

2

EINGEMEISSELT

Felseneremitage, Bretzenheim

Das ist einmalig nördlich der Alpen: eine dreischiffige Kirche aus dem roten Sandstein herausgehauen; kleine Fenster, die ein wenig Licht in die kargen Zellen der Felsenwohnung lassen, ein Beichtstuhl. Die Wache: ein steinerner Ritter. Und alles unter dem Zeichen des Kreuzes. Mehr Mittelalter geht kaum.

Felsen im Guldental, nahe der Kreuznacher Diakonie, 55559 Bretzenheim, Eremitagerweg 944, Landkreis Bad Kreuznach
GPS 49.88742, 7.87090 **Anfahrt** Mit der Bahn RB bis Bretzenheim, ca. 3 km Fußmarsch über gut ausgebaute ebene Feldwege oder mit dem Auto A61 Ausfahrt Bad Kreuznach, Über Gensingen, Langenlonsheim nach Bretzenheim, erste Straße rechts, Eremitagenweg ca. 2 km ganz durchfahren

DER WEG ZUM CHRISTENTUM Die ältesten Felsräume halten sich für unsere Augen unsichtbar unterhalb des Erdhügels, der heute den Boden bildet, verborgen. Die ersten Arbeiten am Fels fanden wohl schon in vorgeschichtlicher Zeit statt. Vermutet wird eine heidnische Kultstätte. Warum sie gerade hier im Guldental entstanden ist und warum es kein ähnliches Bauwerk nördlich der Alpen gibt, lässt sich kaum sagen. Nicht unmöglich, dass jemand das Wissen über den Höhlenbau aus Vorderasien oder Südeuropa in die Pfalz mitgebracht hat. Reisen über die Alpen gab es ja schon vor mehr als 5000 Jahren. Als sich im ersten Jahrhundert in der römischen Zeit der Mithraskult auch nördlich der Alpen verbreitete, waren die künstlichen Höhlen wie geschaffen für die geheimen Zusammentreffen. Ähnlich den Urchristen führten die Mithrasjünger ihre Versammlungen im Untergrund und im Geheimen durch. Überhaupt gab es erstaunliche Parallelen zum Christentum. Taufe, Auferstehungsglaube, Abendmahl, sogar ein Hochfest am 25. Dezember gehörten zu den Glaubenspraktiken. Experten sind sich bis heute nicht darüber einig, ob der Mithraskult Wegbereiter oder Nachahmer des Christentums war. Einflüsse des von Zarathustra gestifteten indo-iranischen Glaubens soll es ebenfalls gegeben haben: Vielleicht haben sich die Mithrasleute einfach von allen bekannten Religionen genommen, was ihnen gefallen hat? Als sich Kaiser Theodosius I zum Christentum bekannte, erhob er es im 4. Jahrhundert zur Staatsreligion. Andere Glaubensrichtungen wurden verboten und die Anhänger verfolgt. Der Mithraskult ging sehr schnell im frisch verordneten Glauben auf. Warum sollte man sich auch wehren? Man wurde immer noch getauft und konnte das Abendmahl zusammen feiern. Nicht nötig, den Ort der Zusammenkünfte zu wechseln: Wie bei vielen anderen Mithraskultstätten auch geschehen, wurde aus der Eremitage in Bretzenheim ein christlicher Ort.

DAS FELSENKLOSTER Die umherziehenden Missionare des Frühmittelalters suchten gerne die alten Kultstätten auf, um an diesen mystischen Orten zu lagern und zu predigen. Da es sich dabei oft um zugige Berggipfel oder vor Feuchtigkeit klamme Lichtungen im Wald handelte, waren sie wenig Komfort gewöhnt. Die Höhlenwohnung muss ihnen wie ein 4-Sterne-Hotel vorgekommen sein. Sie fingen an, sich einzurichten, erweiterten die Höhlen nach ihren Bedürfnissen und bauten eine Kirche. Unterlagen in den Archiven belegen die Weihe des heute nicht mehr existierenden Altars der Felsenkirche im Jahre 1043. Bei dem, was heute noch zu besichtigen ist und was einem Opfertisch ähnelt, handelt es sich in Wahrheit um eine

Wahrscheinlich stand ein Ritter aus der Region Pate für das Steinbildnis.

Die Felsenwohnung kann zurzeit wegen eines Felsrutsches nicht besichtigt werden.

Kelter. Sie entstand nach 1830 – aus einem Altar. Man muss ja Prioritäten setzen. Die erste Kirche wurde im Jahre 1567 bei einem Erdrutsch zerstört. Danach wurde es still um die Eremitage. Sehr wahrscheinlich, dass sie aus Angst vor weiteren Katastrophen verlassen war.

WALLFAHRTSORT Anfang des 18. Jahrhunderts wurden Eremiten auf die alten Höhlenwohnungen aufmerksam. Sie bezogen das Felsenapartment mit seinen 90 Quadratmetern und bauten noch einmal einen Ort klösterlichen Lebens und der Wallfahrt auf. Eine neue Kirche entstand. Häuser wurden direkt vor und in den Felsen gebaut: Die Kerbe, in der einst das Dachgebälk eines Hauses im Stein ruhte, ist deutlich zu erkennen. Zugang zu den Felsenbauten war nur noch über die vorgelagerten Häuser für die Gäste möglich. Da die Einsiedler allesamt nicht dem Klerus angehörten, wohnten dort im Gästehaus zu Wallfahrts- und Gottesdienstzeiten die angereisten Geistlichen. Eine perfekte Show: Verdeckt stiegen sie in den Felsen, um von hoch oben zu den unten versammelten Gläubigen zu predigen.

DAS ENDE Offensichtlich hatten die Einsiedler der Eremitage ein Nachwuchsproblem: Die vielen Arbeiten konnten mit zunehmendem Alter und der abnehmenden Bewohnerzahl nicht mehr ausgeführt werden. Die Kirche wurde baufällig, musste 1819 abgerissen werden. 1827, wenige Jahre später, verstarb der letzte Eremit im Alter von 82 Jahren. Im anschließenden Versteigerungsverfahren kam die Eremitage mitsamt ihren Ländereien in Privatbesitz. Erst 2019 konnte die Gemeinde Bretzenheim das Kleinod aus den Ländereien der Kreuznacher Diakonie herauskaufen, um sie touristisch noch einmal interessanter zu gestalten: Irgendwann soll die Besichtigung der Felsenwohnung wieder möglich werden. Bis dahin gibt es noch viel Arbeit: Momentan ist genau das wegen eines Felsrutsches nicht möglich.

Das besondere Erlebnis

Die Vitaltour Eremitenpfad führt auf 9 Kilometern um die Eremitage herum. Die Pfade und Wege wurden schon seit Jahrhunderten von den Einsiedlern und Wallfahrern genutzt. Mal ebenerdig durch das Guldental, mal steil die Hänge hinauf, an Rebstöcken vorbei und durch die alten Eichenwälder oberhalb des Felsenklosters, welche früher als Wandelgänge dienten.

Vom Kreuz hoch oben
predigten die Priester zur unten versammelten Gemeinde.

3

MAID OF STAUDERNHEIM

Klosterruine Disibodenberg

Kinsey-Report, Hippies und John Lennon: Wer denkt, die sexuelle Revolution startete im Amerika der 60er Jahre, liegt weit daneben. Denn die Enttabuisierung von Lust und Verlangen lehrte die einflussreiche und bis heute als Kräuterkundige und Heilige bekannte Hildegard von Bingen.

Klosterruine Disibodenberg, 55571 Odernheim am Glan **GPS** 49.776697, 7.700529
Anfahrt Auto: B41 nach Bad Sobernheim, weiter L232 nach Sobernheim; ÖPNV: RE3 nach Staudernheim, Rest von 2 km zu Fuß

Eingesperrt auf dem Disibodenberg berichtete Hildegard von zahlreichen Visionen.

FRAUEN Rund 60 km südwestlich von Mainz fließt die Nahe in weiten Schleifen durch ein ländliches Tal. Führt die so schon schmale Landstraße über eine Brücke, wird es noch enger. Als ob sie noch für Fuhrwerke gebaut worden wäre und auch so aussieht, katapultiert sie den Ortsfremden in eine andere, frühere Zeit. So verhält es sich auch bei Staudernheims Landgrafenbrücke, direkt am Fuße des Disibodenbergs, der nach einem irischen oder schottischen Wandermönch benannt ist. Auf dessen Kuppe blickte im Mittelalter das stolze und bekannte Benediktinerkloster Disibodenberg auf das Naheland herab und begeisterte die Menschen aus nah und fern. Wer konnte und wollte, gab sein Kind dort in Obhut und Ausbildung. Am 1. November des Jahres 1112 wurden erstmals Mädchen aufgenommen, zwei 14-Jährige und eine 20-Jährige, um genau zu sein. Zwei dieser jungen Frauen sind in die Geschichtsschreibung eingegangen: Jutta von Sponheim und die sechs Jahre jüngere Hildegard von Bingen.

EINGESPERRT Der Gipfel des Disibodenbergs war im Jahre 1112 voller Leben. Denn das Kloster expandierte und musste vergrößert werden. Überall wuselten Handwerker herum – hämmerten, sägten, mauerten und gewiss fiel der ein oder andere derbe Scherz. Frauen kamen mit Essen und Getränken, versorgten die Arbeiter und sicher gab es damals schon die eine oder andere Neckerei am Arbeitsplatz. Mittendrin saßen die drei jungen Frauen aus dem hohen Adel. Schon von klein auf lebten sie abgeschirmt von der normalen Bevölkerung. Und das sollte sich auch in der neuen Bleibe nicht ändern. Denn die drei Frauen lebten als Inklusen zusammen. Das heißt, sie lebten eingesperrt in einem kleinen, an die Kirche angebauten Raum. Dieser hatte nur zwei Fenster: zum Gotteshaus hin, damit sie den Altar sehen konnten, und auf der gegenüberliegenden Seite, damit man sie von außen mit dem Nötigsten versorgen konnte. Viel kann das nicht gewesen sein, denn die Eremitinnen lebten von der Welt abgewandt in Gebet und Askese. Aber vielleicht hat die junge und wissbegierige Hildegard ja doch den ein oder anderen Blick auf die Geschehnisse der Baustelle erhaschen können.

MAGISTRA Jutta von Sponheim ging als Selige in die Kirchenakten ein. Der Volksglaube geht weiter und sagt ihr einige wundertätige Begebenheiten nach. So soll es ihr auch gelungen sein, in bekannter Manier Wasser in Wein zu verwandeln. Nachdem die Bauarbeiten beendet waren und ein normales Klosterleben möglich war, ging wohl auch die Inkluse zu Ende. Die drei Frauen predigten im Umland und trugen zum Wachstum der Abtei bei, indem sie Schülerinnen aufnahmen. Doch Jutta war bereits als Kind kränklich. Da war das asketische Leben nicht gerade gesund. Sie verstarb schon mit 44 Jahren im Jahre 1136. Die Gemeinschaft der verbliebenen Schwestern wählte Hildegard zu ihrer Magistra, ihrer Lehrerin und Anführerin.

BEFREIUNG Hildegard lockerte recht schnell die strengen Vorschriften ihrer Vorgängerin: Ständig Fasten, Beten und stundenlange Gottesdienste waren wohl nicht ihr Ding. Abt Kuno als Vorsteher des Doppelklosters schmeckte das gar nicht. Ständig musste er sich mit der aufmüpfigen Frau streiten. Andererseits brauchte er sie. Denn Hildegard war in der Gegend wohlbekannt und sehr beliebt. Viele Gläubige und Pilger besuchten den Disibodenberg, um Hildegard zu sehen. Dabei ließen sie natürlich auch immer ihre Gaben und Geldspenden im Kloster. Als schlaue Strategin muss Hildegard gewusst haben, dass sie sich auf lange Sicht nicht mit Kuno arrangieren konnte. Geschickt bereitete sie ihren Austritt vor: ein eigenes Kloster an der Nahemündung bei Bingen.

POLITIK UND VISIONEN Was macht man geschickter Weise, wenn man einem starken Gegner gegenübersteht? Man sucht sich einen noch stärkeren Verbündeten! Und das erst recht als Frau in einer Zeit, in der Frauen nichts zu sagen hatten. Hildegard schrieb Briefe an die Kirchenoberen und Mächtigen im Reich, verfasste Bücher und unternahm Reisen in die Reichsstädte, um dort zu predigen. Natürlich holte sie sich erst die Erlaubnis des mächtigsten Mannes der damaligen Zeit. Nach einem Treffen mit Papst Eugen III., der 1147 Trier besuchte, hatte Hildegard die Erlaubnis, ihre Bücher und Thesen zu veröffentlichen. Mit dem Stellvertreter Gottes auf Erden hatte sie den stärksten verfügbaren Beschützer gefunden. Hildegards Veröffentlichungen ließen sich daher immer mit den offiziellen Aussagen des Papstes unter einen Hut bringen und stärkten seine Position in Glaubensfragen. Im selben Jahr begann sie mit den Planungen ihres eigenen Benediktinerinnenklosters auf dem Rupertsberg bei Bingen.

Die Ruine des Hospitals stammt aus der Zeit der Zisterzienser.

SEX SELLS Im Jahr 1150 war es dann so weit: Hildegard zog mit ihren Schülerinnen nach Bingen um. Rund um die kleine Kapelle entstand in nur zwei Jahren der Neubau eines reichen Klosters mit einer dreischiffigen, kunstvoll ausgestatteten Kirche – so prachtvoll, dass sie als Vorlage des Isenheimer Altars, der heute in Colmar ausgestellt ist, diente. Schnell gab es wieder Ärger: Die Bischöfe aus Mainz und Bremen verweigerten ihr die Umschreibungen von umfangreichen Besitztümern und Grundstücken. Woher das Geld für alles kam? Hildegard von Bingen war ihrer Zeit weit voraus. Sie war Philosophin, Politikerin, Gelehrte, Unternehmerin und vieles mehr. Ihre Denkanstöße und Meinungen beeinflussten die Mächtigen des Reiches in vielerlei Richtung. Als Heilerin kombinierte sie die damalige Schulmedizin mit der Volksheilkunde, weshalb ihr Name auch heute noch allgemein bekannt ist. Das Kloster auf dem Rupertsberg glich einem Verlag: Dort wurden ihre Schriften vervielfältigt und verteilt. Ihre wissenschaftlichen Veröffentlichungen enthielten nicht vermutete, ausgiebige Passagen über die Lust des Mannes und den weiblichen Orgasmus. Und wer in den 50er Jahren des 12. Jahrhunderts den Rupertsberg zu den Feiertagen besuchte, fand dort keineswegs ein paar verschleierte und in Säcke gehüllte Betschwestern. Hildegards Jungfrauen glichen eher den griechischen Sirenen: Sie erschienen in weißen, bodenlangen Gewändern. Auf dem offenen Haar trugen sie mit

Die hohen Giebel zeugen von der ehemaligen Bedeutung des Klosters.

Lämmern verzierte Kronen und wertvolle Ringe an den Fingern.

DISIBODENBERG Die zurückgelassenen Glaubensbrüder bei Staudernheim verloren nach und vor allem wegen Hildegards Weggang schnell an Einfluss und Reichtum. Bald mussten die Benediktiner an die Zisterzienser abgeben. Diese brauchten rund hundert Jahre, bis sie dem Disibodenberg noch einmal zu einer kurzen Blütezeit verhalfen. Doch dann schlugen die Wirren der pfälzischen Kriege und die Reformation unbarmherzig zu. Landesherr Herzog Wolfgang von Pfalz-Zweibrücken war im 16. Jahrhundert einer der führenden Köpfe des Protestantismus und bekämpfte die Rekatholisierung Deutschlands, wo er konnte. Da war es schon eher erstaunlich, dass die Klosterkirche erst im Jahr 1559 säkularisiert wurde. Sie zerfiel in den folgenden Jahrhunderten. Heute gehört das Gelände einer Stiftung, die zur Erhaltung der Ruine auch ein Museum samt Café am Fuß des Disibodenberges eingerichtet hat. Das ist dann weder lost noch dark. Ganz anders ist es in den Wintermonaten, wenn alles geschlossen ist und man zu den Ruinen durchgehen kann. Ihr Besuch ist ganzjährig möglich. Dann kann man zwischen den alten Mauern und Grabplatten die ganze Kraft des Ortes erleben.

Das besondere Erlebnis

Mit dem Tod seiner charismatischen Gründerin im Jahr 1179 verblasste auch der Stern von Kloster Rupertsberg recht schnell. Nachdem die Gebäude dem Dreißigjährigen Krieg zum Opfer fielen, fand sich niemand, der die Anlagen wieder aufbauen wollte. Den Rest der Ruinen zerstörte der Eisenbahnbau im Jahr 1857. Nur ein paar Gewölbekeller sind übrig geblieben, die zu Veranstaltungen genutzt werden. Weitere Informationen: rupertsberger-hildegardgesellschaft.de

Die Burgmauer mit ihren Balkonen und Fensteröffnungen

4

LET'S MAKE A GRUSELFILM

Burg Frankenstein

Ein Tal, so eng, dass die Sonne gefühlt zwei Stunden früher untergeht. Häuser, die sich seit Jahrhunderten dicht aneinanderducken und doch Bahn und Bundesstraße Platz lassen müssen. Alte verwitterte Grabsteine mit einem Kirchlein nebendran. Darüber auf dem steilen Felsen eine schaurige Burg. Die perfekte Filmkulisse! Und das Drehbuch, frei nach Mary Shelley, kann nur eines sein: Frankenstein!

Burg Frankenstein 67468 Frankenstein, Landkreis Kaiserslautern, Rheinland-Pfalz **GPS** 49.438878, 7.974684 **Anfahrt:** mit dem Auto: B37 am westlichen Ende des Schlossbergtunnels Fußweg; Bahn: S1 oder S2 der S-Bahn Rhein-Neckar bis Frankenstein

UNSER SHERWOOD FOREST In den spätmittelalterlichen Balladen von Robin Hood wird dieser Held nicht als Retter der Witwen und Waisen, sondern als gefährlicher Wegelagerer einfacher Herkunft dargestellt. Zusammen mit seinen fröhlichen Gefährten soll er in einem dunklen, wilden Wald namens Sherwood Forest bevorzugt Geistliche und Adelige ausgeraubt haben. So ähnlich muss es wohl in der Pfalz zugegangen sein, denn im Wald sind ja laut einem bekannten Lied die Räuber. Erst recht, wenn dieser Forst das englische Wäldchen bei Weitem überbietet. Der Pfälzerwald ist größer, wilder, dunkler. Über alle Dekaden, sogar noch bis ins 20. Jahrhundert hinein, bot der weitläufige Tann in der Pfalz Zuflucht vor der Obrigkeit und gleichzeitig gute Chancen auf erfolgreiche Raubzüge. Denn die wenigen Handelswege führten kilometerlang durch enge Täler. Den an den Hängen versteckten Räubern boten sich dadurch jede Menge Gelegenheiten für den Zugriff. Das Tal des Hochspeyerbaches bietet die kürzeste Verbindung zwischen Kaiserslautern und Neustadt. Es verband die Regionen von Saarbrücken bis Paris auf der westlichen Seite mit den rechtsrheinischen Gebieten, darunter Franken und Bayern. Während heute Bundesstraße, Eisenbahnlinie und Wasserlauf um den wenigen Platz im engen Tal konkurrieren, waren es früher die Wegelagerer und Vogelfreien, die an geschützten Stellen auf der Lauer liegend, den Händlern Besitz und Leben streitig machten.

KRIEGE Anfang des 12. Jahrhunderts fing man wohl mit einem Turmbau auf dem Schlossberg oberhalb des heutigen Ortes Frankenstein an, der sehr schnell zu einer Burg erweitert wurde. Die Handelswege waren zu bedeutend, Schutz daher dringend notwendig. Bauherr und verantwortlich für die Wegsicherung war damals das Kloster Limburg, dessen Ruine bei Bad Dürkheim ebenfalls einen Besuch wert ist. Die Lehnsleute Johannes und Friedrich von Frankenstein gaben Burg und Dorf ihren Namen. Deren männliche Erblinie endete im Jahr 1340. Ihre Nachfolger, die Grafen von Leiningen-Rixingen, gerieten immer wieder in Geldprobleme, weshalb sie Teile der Burg erst verpfändeten und schließlich im Jahr 1414 für 5000 rheinische Goldgulden verkauften. Besitzer wurden nun die Grafen von Leiningen-Hartenburg, ein Edelknecht namens Diether von Inseltheim, welcher auf Frankenstein wohnte, und Graf Philipp von Nassau-Saarbrücken. Wegen ihrer strategisch immens wichtigen Bedeutung wurde die Festung schon im Jahr 1448 mit Feuerwaffen ausgestattet. Doch Frankenstein war den politischen Änderungen nicht gewachsen. Der Niedergang erfolgte in Etappen: Bauernkriege, Dreißigjähriger Krieg, Spanischer Erbfolgekrieg und Französische Revolution zogen Frankenstein

Die hohen Kamine erstreckten sich über mehrere Stockwerke.

immer wieder in kriegerische Handlungen hinein. Das Gemäuer wurde oft beschädigt, aber nicht repariert.

TOTENACKER UND WIEDERTÄUFER Rund 70 Meter unterhalb der Burg stand im Mittelalter ein kleines Kirchlein, das vermutlich der heiligen Catharina geweiht war. Die kleine katholische Gemeinde musste jedoch ständig um ihr Leben fürchten, weil schon um 1580 die Mauern teilweise eingestürzt und das Dachgebälk marode war. Vielleicht hätte die Gemeinde das Gotteshaus repariert. Doch Friedhof, Kirche und Burg gehörten zusammen. Und alles gehörte den Fürsten, welche wenig Interesse an einem Wiederaufbau hatten. Für die Obrigkeit hätte sich die Investition wohl kaum gelohnt: Frankenstein zählte zu dieser Zeit etwa 12 Familien, die sich nicht gerade durch Reichtum und dementsprechend hohe Steuerabgaben hervortaten. Mit der Reformation wechselten die meisten Einwohner die Konfession, wurden protestantisch und besuchten Gottesdienste in Kaiserslautern und Weidenthal. Sie brauchten das verfallene Kirchlein mit seinen zwei Glocken nicht mehr. Dafür jemand anderes: Im nahen Herzogtum Zweibrücken führte Herzog Johann I. den calvinistischen Glauben ein und verfolgte eifrig alle anderen Glaubensströmungen. Eine Schar Wiedertäufer fand im dunklen Pfälzerwald Zuflucht und nutzte fortan das einsturzgefährdete Bauwerk. Ein alter Mennonitenfriedhof liegt noch im Diemersteiner Tal und zeugt von dieser Zeit. Bei der heutigen – protestantischen – Kirche an der gleichen Stelle handelt es sich um einen neugotischen Saalbau aus den Jahren 1871/1872. Zusammen mit Burg und dem Tunnelportal mit seinem Zinnengiebel aus Rotsandsteinquadern bilden sie das bei Eisenbahnfotografen bekannte Traummotiv Frankenstein. Die Bahnlinie Saarbrücken–Mannheim unterquert Burg Frankenstein seit dem Jahr 1849.

Der Pallas von Burg Frankenstein schmiegt sich eng an den Felsen.

FILMKULISSE Mary Shelleys Roman *Frankenstein* zählt zu den Klassikern und wurde mehrfach verfilmt: Doktor Frankenstein näht aus Körperteilen eine Kreatur zusammen und erweckt sie mit Hilfe von elektrischer Energie zum Leben. Schauplatz des Schauerromans war Ingolstadt, dessen im Buch vorkommende Universität aber schon 18 Jahre vor der Erstveröffentlichung nach Landshut verlegt worden war. Eine Burg wurde im Buch nicht erwähnt. Frankenstein

Wie im Gruselfilm thront die Burg über dem alten Ortskern.

in der Pfalz und Shelleys Roman haben nicht mehr miteinander zu tun, als dass sie den gleichen Namen tragen. Tatsächlich wurde das Requisit Burg in den Filmen einfach dazuerfunden, um dem Ganzen einen dramatischeren Anstrich zu geben: Die imposante Burg oben auf dem Fels; das ärmliche Dorf unten im Tal, wo die zerlumpten Bewohner ihr graues Dasein fristen; Frankenstein, oben auf der Burgmauer, wie er eine Beerdigung beobachtet und seinem Gehilfen Instruktionen gibt, den frischen Leichnam des Nachts wieder auszugraben; die Waldhütte, wo die Kreatur ein einfaches Dasein fristet und doch nicht in Ruhe gelassen wird. Im pfälzischen Frankenstein würde man nur noch Schauspieler, Komparsen und Kostüme brauchen. Die passende, dramatische Kulisse ist schon aufgebaut. Und in einer Gewitternacht mit hellen Blitzen und ohrenbetäubendem Donner …

Das besondere Erlebnis

Nur etwas mehr als einen Kilometer von Burg Frankenstein entfernt befindet sich in nordwestlicher Richtung die Ruine der Burg Diemerstein. Ebenfalls in einer spektakulären Spornlage auf einem steilen Fels bietet auch sie einen begeisternden Panoramablick über Hügel und Tal. Obwohl von konkurrierenden Fürstenhäusern betrieben, liest sich ihre Geschichte ähnlich wie die von Burg Frankenstein, einschließlich Verpfändung und Verkauf an vier neue Besitzer zu je gleichen Teilen und der Zerstörung im Dreißigjährigen Krieg. Als die Eisenbahnlinie durch das Tal gebaut wurde, kaufte Baurat Paul Camille von Denis das Gelände samt Burgruine und ließ alles zu einem Park umgestalten. Sein Wohnhaus, die Villa Denis, unterhalb des Felsens beherbergt heute ein Tagungszentrum der Technischen Universität Kaiserslautern.

5

DIE SÄULEN DER PFALZ

Beller Kirche, Eckelsheim

Bei Eckelsheim steht eine spätgotische Kirchenruine auf freiem Feld. Vom 17. Jahrhundert bis zum Jahre 1902 fand dort jährlich ein bekanntes Markttreiben statt. Es erhob Eckelsheim zum Marktflecken.

Kirchenruine Beller Kirche, 55599 Eckelsheim, Gumbsheimer Str.
GPS 49.78906, 7.98224 **Anfahrt** Auto: A63 bis Ausfahrt 9 Erbes-Büdesheim, weiter L409 und K5; ÖPNV: RE3 bis Bad Kreuznach, Bus 440 nach Wöllstein Mitte, Bus 425 Alzey bis Haltestelle Eckelsheim/Villa Bäder

Warum steht bei Eckelsheim eine Kirchenruine auf freiem Feld?

KINGSBRIDGE Ein unfertiger, gotischer Kirchenbau auf freiem Feld. Menschen in ländlicher Kleidung. Hühner, Ziegen, Schafe und Hunde laufen frei umher. Dazwischen Händler und Marktleute, die ihre Waren anbieten. Bilder aus Ken Follets Buch *Die Säulen der Erde* schießen durch die Gehirnwindungen des Kopfes. Welche menschlichen Dramen sich hier wohl abgespielt haben? Der Ort Kingsbridge aus dem Buch und Eckelsheim in der Pfalz haben so wenig Gemeinsamkeiten. Schon allein die 3 Jahrhunderte, die beide Orte über Generationen trennen. Und doch: Die im 12. Jahrhundert spielende Handlung der Buchreihe ließe sich ohne Probleme nach Eckelsheim zur Beller Kirche verlegen. Haben wir im Buch mit Lord William Hamleigh und dem machtbesessenen Bischof Waleran Bigod mächtige Widersacher des Kirchenbaus gefunden, würden wir diese im kirchlichen Machtzentrum in Speyer und in den Königspfalzen Annweiler und Kaiserslautern sicher auch finden.

EIN MYSTISCHER ORT Eckelsheim liegt in der Rheinhessischen Schweiz, einer Landschaft, durch die sich vor 30 Millionen Jahren, als die Erde noch wärmer war, die Küstenlinie zog. Spuren des Meeres finden wir an allen Ecken: Strände, Muschelwände und das Brandungskliff. Auf dem verfestigten Sandstreifen davor tobten lange die Elemente. So steht die Beller Kirche im wahrsten Sinne des Wortes auf dem Meeresgrund. Nach dem Rückzug des Ozeans wurde der Ort schon in prähistorischer Zeit genutzt. Ausgrabungen haben Spuren der frühen Menschen gefunden. Erforscht und belegt ist hier ganz wenig, doch könnte man schon aufgrund der Namensgebung vermuten, dass unsere keltischen Vorfahren den Ort gekannt und für mystische Zwecke benutzt haben. Der heute versiegte Beller Brunnen in direkter Nähe der Kirche lieferte jahrhundertelang ergiebig Wasser. Seine Namensgebung könnte auf den keltischen Gott Belenus zurückzuführen sein. Als Urgottheit des keltischen Glaubens wurde er als Quellgottheit verehrt und für die Heilung Kranker verantwortlich gemacht. Sein Name ist bis heute erhalten: Bilsenkraut gehörte in den Medikamentenkoffer aller Kräuterweiblein. Wie bei vielen Naturheilmitteln wirkt es überdosiert stark halluzinogen.

Und warum wurden deren Steine nicht wie üblich zum Hausbau entwendet?

WIRICH IV. VON DAUN-FALKENSTEIN Als Folge einer Vielzahl von Landesteilungen glich die Pfälzer Landkarte einem Flickenteppich. Etwa ein Dutzend Königshäuser kämpften um Macht, Geld und Territorien. Übergriffe und kriegerische Auseinandersetzungen mit den Nachbarn waren an der Tagesordnung. Durch Heirat hatte der Daun-Falkensteiner Wirich einen Besitzanteil an den mitten in der Kurpfalz gelegenen Gebieten bei Eckelsheim bekommen. Der Kurpfalz war dieses Gebiet ein Dorn im Auge. Gerne hätten sie das Land ihren Besitztümern einverleibt. Doch Wirich erwies sich als geschickter Diplomat, Kriegsherr, Wissenschaftler und Unternehmer. Bis heute hängt ihm der Ruf an, durch geschickte Aktionen seine verschiedenen Interessen, seien sie nun politisch, finanziell oder religiös, zu seinem Vorteil verbunden zu haben. Er brachte das Edelsteingewerbe nach Idar-Oberstein, wodurch der kleine Ort im kargen Landstrich weltberühmt wurde. Seine Besitztümer behauptete er erfolgreich gegen andere Adelshäuser und sogar die eigene Verwandtschaft. Seine 14 anerkannten Kinder erzog er religiös, sodass sie später wichtige Ämter wie Domherr, Äbtissin oder Bischof bekleideten. Die Welt war auch damals schon klein: Zwei seiner Töchter, Anastasia und Irmgard, lebten als Nonne im Bopparder Kloster Marienberg.

BELLER KIRCHE Ob es den Beller Markt schon vor dem Jahre 1490 gegeben hatte oder nicht oder ob die Beller Kirche schon einen Vorgänger an gleicher Stelle hatte, darüber können wir heute nur mutmaßen. Doch mit der Kirchenstiftung gelang Wirich ein genialer Schachzug. Fast auf der Grenze seiner Ländereien gelegen, war der hochaufragende, gotische Kirchenbau von Weitem zu sehen. Für seine Gegner aus der Kurpfalz setzte er damit ein ganz klares Zeichen: »Hallo hier bin ich und hier geht es für euch nicht weiter.« Gleichzeitig verfolgte er seine religiösen Interessen, verfügte, dass jeden Mittwoch und an allen Marienfeiertagen die Messe gelesen werden sollte. Und schließlich sorgte er für den Aufschwung des Beller Marktes, der bis zum Jahre 1902 jährlich gefeiert wurde. Eckelsheim stieg damit zum Marktflecken auf.

Rund um die Beller Kirche fand jahrhundertelang ein Markt statt.

VERFALL Was Wirich und wohl auch sonst niemand voraussehen konnte: Kurz nach Fertigstellung der Beller Kirche begann die Reformation. Sie setzte sich Mitte des 16. Jahrhunderts auch in Rheinhessen durch, womit die Kirche auf dem Feld an Bedeutung verlor. Im Dreißigjährigen Krieg sollen die Schweden randaliert und die alten Mauern beschädigt haben. Auch der Pfälzer Erbfolgekrieg hat seine Spuren hinterlassen. Wegen der fehlenden religiösen Bedeutung wurde sie nicht wieder aufgebaut. Doch der Beller Markt fand weiterhin jährlich am Marienfeiertag des 8. September statt. Wahrscheinlich wurde die Kirche zu diesem Anlass gebraucht, sodass die finanziellen Vorteile des Marktes der Verwendung der Steine zum Hausbau übertrafen.

EINE KOSTPROBE Laut Berichten laden die Hanfplantagenbesitzer Jamaikas ihre Gäste gerne auf einen Joint ein. Man könnte den Vorgang dort ganz gut mit einer Weinprobe beim rheinhessischen Winzer vergleichen. Und möglicherweise haben gerade Hanf und sein Genuss zum Erhalt der Beller Kirche beigetragen. Die Regionalzeitschrift Heimatgruß berichtete 1934 vom Hanfanbau in der

Überraschende Funde unter der Kirche zeugen vom Hanfanbau in der Region.

rheinhessischen Schweiz als Erinnerung an die Zeit um 1880. Denn über Generationen hinweg waren Hanf und Flachs die erfolgreichsten Textilfasern im europäischen Kulturraum. Ohne Hanf wäre Amerika nie entdeckt worden. Er lieferte den reiß- und wasserfesten Stoff für Segel und Seile der Schiffe. Die europäischen Überseeauswanderer dankten es der alten Heimat mit einem Hanfverbot. Der Ruf nach Rauschfreiheit aus der Zeit der Prohibition paarte sich ideal mit den finanziellen Interessen der Baumwollfarmer und der chemischen Industrie. Zusammen setzten sie im 20. Jahrhundert in fast allen Ländern der Welt ein Verbot der jahrtausendealten Kulturpflanze durch. Der Heimatgruß berichtet weiter von den wunderbaren goldgelb blühenden Hanffeldern mit ihren mehr als zwei Meter hohen Stengeln. Bevor sie gemäht wurden, gingen Frauen mit Sicheln durch die Felder, um die weiblichen Blüten zu schneiden. Danach erst wurden die Halme geschnitten, die acht Tage auf dem Feld dörren mussten, bevor sie zur weiteren Trocknung in die Hanf- und Flachsdarren gebracht wurden. Grabungen aus dem Jahre 2004 brachten eine derartige Trocknungsanlage unter der Beller Kirche zum Vorschein. Sie wurde im 18. und 19. Jahrhundert regelmäßig verwendet. Und wer sich jetzt mit ein wenig Fantasie ein Volksfest an einer Ruine mit freiem Blick zu den Sternen vorstellt und nicht vergisst, dass dort Hanf getrocknet wurde, kann sich bildhaft vorstellen, warum die Kirchenmauern so gut erhalten wurden, das Dach aber nie erneuert wurde.

Das besondere Erlebnis

Quer durch die Rheinhessische Schweiz zieht sich der Strandpfad der Sinne, vorbei an Weinbergen und Winzern, über Hügel und an Bachläufen entlang. Unterwegs erklären Schautafeln den damaligen Küstenverlauf und die geologischen Formationen. Etwas befremdlich ist dann aber doch, wenn man mitten in einem Weinberg einen Sandstrand findet.

Auf den ersten Blick ist der Drachenfels nicht als Burg zu erkennen.

6

DER HOHLE BACKENZAHN

Burg Drachenfels, Busenberg

Der Drachenfels gleicht eher einem von Wind und Wetter erodierten Felsen als einer mittelalterlichen Festung. Seltsam ist auch seine Geschichte, unnötig die Zerstörung.

Burgruine Drachenfels 76891 Busenberg, **GPS** 49.122109, 7.828417
Anfahrt Auto: B10 bis Hinterweidenthal B427 bis Busenberg; ÖPNV: RB54 bis Bad Bergzabern weiter mit Bus 545 nach Busenberg, Zwei KM zu Fuß

DIE SIEDLER Wenn sich in früher Zeit der Feind näherte, zogen sich die Bewohner fast überall auf der Welt in höher gelegene Gegenden zurück, wo sie sich leichter verteidigen konnten. So war das auch im Pfälzerwald mit seinen zerklüfteten Buntsandsteinfelsen, die überall als imposante Landmarken in die Luft ragen. die Kurpfälzer merkten sehr schnell, dass der weiche Stein leicht zu bearbeiten war und trotzdem seine Statik behielt. So entwickelten sie ihre ganz speziellen Fliehburgen, indem sie die Felsspitzen in der Höhe aushöhlten und mit der Zeit zu komfortablen Wohnräumen ausbauten. Ähnlich den Indianern in Südostasien, Afrika oder Südamerika in ihren Baumhäusern lebten die Waldbewohner im Wasgau in ihren Felsenbehausungen. Und während sie ihren eigenen Felsen immer weiter ausbauten und den Komfort und die Verteidigung verbesserten, waren sie ihren Nachbarn oft nicht wohlgesonnen. Mit ihnen konkurrierten sie meist über gemeinsame Ressourcen, wie Jagdgründe, Wasser oder Lebensmittel. War der Gegner vermeintlich stärker, schlossen sie zerbrechliche und wechselnde Bündnisse mit entfernteren Fürsten oder kirchlichen Parteien. Fehden und Überfälle bestimmten den Alltag. Was sich anhört wie ein modernes Strategiespiel, war doch bitterer Ernst.

ERST SCHLAGEN, DANN FRAGEN In dieser dunklen Zeit ist über die Entstehung des Drachenfels überhaupt nichts bekannt. Man vermutet, dass er die Außengrenze der Abtei Klingenmünster gegenüber den Mitbrüdern der Abtei Weißenburg sichern sollte. Die Abtei Weißenburg jedoch lag ständig im Zwist mit den Herren der benachbarten Burg Berwartstein. So ist es wohl nicht verwunderlich, dass im Jahre 1314 Truppen der Städte Straßburg und Hagenau den Berwartstein belagerten und zerstörten. Erstaunlich ist

Das Drachenrelief im ehemaligen Rittersaal gab der Burg ihren Namen.

dagegen die Tatsache, dass die Elsässer, weil sie gerade da waren und mit dem nur drei Kilometer entfernten Drachenfels nichts anzufangen wussten, diesen ebenfalls belagerten und beschädigten. Immerhin bekamen die Ritter vom Drachenfels im Nachhinein eine Entschädigungszahlung für den ungerechtfertigten Überfall.

KAPITULATION UMSONST Im 16. Jahrhundert, dem Übergang des Mittelalters zur Neuzeit, gehörte Burg Drachenfels gleich mehreren Eigentümern. Der bekannteste und berüchtigste davon war Franz von Sickingen. Nach dem Tod seiner Frau kämpfte der Ritter für die Reformation und die Stärkung seines Standes im unteren Adel. Der Ruf, ein Raubritter gewesen zu sein, hängt ihm bis heute an und in der Tat überfiel er viele benachbarte Grafen und auch die

Die Fürsten von Trier, Pfalz und Hessen fanden den Drachenfels wehrlos vor.

Städte. Kaiser Maximilian I. ließ ihn mal gewähren, war mal gegen ihn, ganz wie er es gerade brauchte. Da stellte Franz seine Truppen lieber in den Dienst des französischen Königs Franz I. und eroberte die Stadt Metz für den Franzosen. Im Kampf um Maximilians Nachfolge wollte Karl V. Franz von Sickingen jedoch lieber auf seiner Seite wissen. Womöglich wäre sonst der französische König Kaiser geworden. Deshalb überredete Karl den streitbaren Ritter, nochmals die Seite zu wechseln. Die versprochenen Zahlungen von mehr als 100.000 Gulden für gemeinsame Unternehmungen und Kriegszüge blieb Kaiser Karl V. allerdings schuldig. Das brachte den Sickinger in ernsthafte finanzielle Probleme. Und für den Kaiser kam es wohl auch nicht ungelegen, als sich die Fürsten von Trier, Pfalz und Hessen gegen Franz verbündeten. Bei der entscheidenden Schlacht ließ er ihn nicht nur hängen, sondern stellte sich auf die Seite der Koalition der Fürsten. Deren Armee fand Franz auf Burg Nanstein in Landstuhl, wo ihn eine Kanonenkugel tödlich verwundete. Obwohl sie gewonnen hatten, zogen sie gleich weiter zum Drachenfels, der ohne Verteidigung dalag. Logisch, dass der Burgvogt keinen Widerstand leistete und die Festung übergab. Aber weil sie gerade da waren und vielleicht auch um ein Zeichen zu setzen, zerstörte die Armee auch den Drachenfels. Er wurde nie wieder aufgebaut. Stattdessen benutzten ihn die Bewohner des Umlandes als Steinbruch. Übrig geblieben sind nur das Torgebäude, Reste eines Turmes und die Felsenkammer der auf zwei Sandsteinfelsen errichteten Anlage. Den Aufstieg zum Plateau der spektakulären Ruine ermöglichen gesicherte Wege über Außentreppen und durch die Felsen.

DIE SCHÖNE ADELHEID Wer den Drachenfels, dessen Silhouette an einen Backenzahn erinnert, heute besuchen möchte und

Mit den Steinen von Burg Drachenfels wurden im nahen Busenberg ein großes Landhaus und die Kirche gebaut.

vielleicht noch ein paar Schritte durch den Wald wandert, sollte sich vor einem altmodisch gekleideten Jäger in Acht nehmen. Der Fremde war Schreiber auf der Burg und hatte sich in die Tochter des Grafen verguckt. Da dem Burgherren die nicht standesgemäße Verbindung so gar nicht gefiel, entließ er den jungen Burschen und verbot ihm den Umgang mit der schönen Adelheid. Da der Idiot glaubte, nicht ohne die Angebetete leben zu können, lud er sie mit Hilfe eines heimlichen Briefes zum gemeinsamen Selbstmord auf einem nahen Feld ein. Unter einem Baum versprach er das Hochzeitsbett für die romantische und einzige Liebesnacht aufzustellen. Im Morgengrauen wollten sie sich dann zusammen das Leben nehmen. Keiner weiß, was sich die Adelheid dachte: Fand sie den Vorschlag so verlockend? Oder wollte sie den Burschen vom Plan abbringen? Jedenfalls wurde sie am nächsten Tag erstochen aufgefunden, ihr feiger Liebhaber aber hatte nicht den Mut aufgebracht, ihr in den Tod zu folgen. Bis in alle Ewigkeit muss er die Wälder des Wasgau durchstreifen. Wen er grüßt, dem bringt er der Sage nach den Tod.

Das besondere Erlebnis

Rund um den Drachenfels überrascht das Dahner Felsenland mit insgesamt 13 Burgen und Burgruinen. Ihre Besichtigungen führen in geheimnisvolle Felsenkammern und zu hochaufragenden Türmen mit spektakulären Aussichten bis zum Schwarzwald und den Vogesen. Eine Übersicht bietet die Seite: https://www.dahner-felsenland.net/vg_dahner_felsenland/Tourismus/Burgen%20und%20Burgruinen/

7

FREIHEIT FÜR AMERIKA

Weiße Kaserne, Zweibrücken

Die Residenzstadt Zweibrücken beherbergt seit Jahrhunderten kampfstarkes Militär und hat sogar den Ausgang des Amerikanischen Bürgerkriegs beeinflusst. Die seit 1994 verlassene weiße Kaserne wartet seit Jahren auf eine neue Nutzung.

Weiße Kaserne Oselbachstraße 41, 66482 Zweibrücken, Rheinland Pfalz
GPS 49.24239,7.36849 **Anfahrt** Mit der Bahn: Regionalbahn nach Zweibrücken Mit dem Auto über die A 8, Ausfahrt 32 Zweibrücken

König Maximilian I. Joseph baute Ende des 18. Jahrhunderts Zweibrücken zum großen Garnisonsstandort aus.

ZWEIBRÜCKEN Der Salzhandel war im Mittelalter bekanntlich eine wichtige Einnahmequelle und der Handelsverkehr dementsprechend besonders zu schützen. Reger Verkehr muss an der Salzstraße über den Schwarzbach geherrscht haben. Damit die Wagen mit dem kostbaren Gut ungehindert passieren konnten, hatten die Saarbrücker Grafen eine Schutzburg neben die Zwillingsbrücke über den Bach gebaut – und sorgten somit für den Verkehrsfluss und den Schutz der Fuhrwerke. Die Kutscher sprachen bald nur noch von den „zwei Brücken". Damit meinten sie sowohl den Ort als auch die Burg. Es folgte eine lange Zeit als Residenz- und Garnisonstadt.

Nach der Kavallerie wurden auch die Fußtruppen stark aufgestockt.

DIE SCHLACHT VON YORKTOWN 1751 schlossen die Herzöge von Pfalz-Zweibrücken einen Freundschaftsvertrag mit dem König von Frankreich. Der beauftragte die Zweibrücker mit der Aufstellung einer 2000 Mann starken Kampftruppe. Das „Régiment Royal Deux-Ponts" war dem französischen König direkt unterstellt. Die ersten Einsätze erfolgten im Siebenjährigen Krieg, welcher von den großen Blöcken England/Preußen gegen Frankreich/Russland/Habsburg geführt wurde. Kriegsschauplätze waren in Europa, Amerika, Asien und auf den Weltmeeren. Faktisch gesehen war das schon der erste Weltkrieg. Obwohl im Jahre 1763 beendet, setzte er sich im Amerikanischen Unabhängigkeitskrieg fort. Frankreich hatte große Teile seiner Kolonien in Nordamerika verloren und schlug sich auf die Seite der Unabhängigkeitskämpfer. 1780 brachen 6000 französische Soldaten nach Übersee auf, um im amerikanischen Unabhängigkeitskrieg gegen die Briten zu kämpfen, dabei das Regiment Deux-Ponts unter Kommandant Christian von Zweybrücken. Die Pfälzer agierten in der Schlacht von Yorktown um die amerikanische Unabhängigkeit an der Seite von George Washington, wo sie den englischen Truppen den entscheidenden Schlag versetzten. Weil auf der Gegenseite ebenfalls etwa 2.500 Soldaten aus deutschen Gebieten kämpften, trägt das Gemetzel den Beinamen die deutsche Schlacht. Christian von Zweybrücken wurde auf dem Gemälde die „Kapitulation von Lord Cornwallis" verewigt. Das Bild hängt heute noch im Washingtoner Capitol. Zweibrücken und Yorktown sind durch eine Städtepartnerschaft verbunden.

DIE WEISSE UND DIE ROTE KASERNE Wie die gesamte linksrheinische Region wechselte Zweibrücken nach 1792 mehrfach Herrschaft und Nationalität, bis es sich im Mai 1816 unter der bayerischen Krone wiederfand. Siebenpfeiffer und Wirth machten sich in dieser Zeit für die deutsche Demokratie stark, bereiteten in Homburg/Zweibrücken das Hambacher Fest vor. Das ist eine andere Geschichte. Mit dem Wiederaufflammen des deutsch-französischen Konflikts wurde die

Der Fensterladenhalter sieht noch original aus.

Truppenpräsenz verstärkt. König Maximilian I. Joseph schickte die Kavallerie, später weitere Truppen. Sie brauchten Quartiere und Exerzierplätze. In den Jahren 1892/1893 wurden die weiße Kaserne und die rote Kaserne, benannt nach der jeweiligen Backsteinfarbe, gebaut. Sie bildeten einen großen Militärkomplex an der heutigen Oselbachstraße, der 1913 schon mit elektrischem Strom ausgestattet wurde. Von der 22er Infanterie „Fürst Wilhelm von Hohenzollern“ existieren noch Bilder und Postkarten und der Straßenname der Abzweigung hinter dem Gelände südöstlich. Die 22er kämpfte in der verlustreichen Schlacht von Verdun 1916. Nach dem Ersten Weltkrieg zogen französische Besatzungstruppen ein, benannten die Gebäude nach ihren Generälen Joffre und Foch um. Nach dem Zweiten Weltkrieg kamen sie wieder, nannten den Standort aber anders: „Caserne Berthézène“. Die rote Kaserne war im Krieg so stark beschädigt worden, dass sie abgerissen werden musste. Nach dem Abzug der Franzosen nutzte die US Air Force die weiße Kaserne als Lager. Nach dem Kalten Krieg fiel das Gelände im Jahr 1994 an die Stadt Zweibrücken zurück.

DAS GESCHEITERTE PROJEKT Die innenstadtnahen Gebäude mit ihrer wunderschönen, denkmalgeschützten Architektur sollten natürlich bestehen bleiben. Ein erster Sanierungsversuch plante Raum für Wohnungen, Handwerk und Gewerbe. Dazu hätte sich ein Kulturzentrum gesellt. Doch die meisten Gebäude stehen seither leer, verrotten hinter dem Originalzaun aus bayerischer Zeit vor sich hin. Bleibt zu hoffen, dass ein neuer Rettungsversuch der weißen Kaserne unternommen wird und gelingt.

Das besondere Erlebnis

Die Oselbachstraße weiter gelangt man über die Steinhauser Straße zur ehemaligen Air Base der US Air Force. Sie wurde in den 1950er Jahren auf Überresten des Westwalls gebaut. Diese sind noch erkennbar, genau wie einige betonierte Anlagen aus amerikanischer Zeit. Das riesige Areal war eine Stadt für sich: Start- und Landebahn, Wartungshallen, Tower befanden sich genau so auf dem Gelände wie Unterkünfte, Casino, Sport- und Tennisplätze. Die Eishalle ist heute noch in Betrieb. Rund um den mittlerweile zivilen Flughafen haben sich viele Unternehmen und Handwerksbetriebe angesiedelt. Ausflugsziel ist dort das Zweibrücken Fashion Outlet. Dahinter nur wenige Schritte von Haute Couture und Glamour liegt verlassen als kleiner Lost Place der alte Sportplatz der Air Base.

Die Kaserne bekam ihren Namen, weil sie aus hellen Backsteinen gebaut ist.

Das Nebengebäude stammt aus der Zeit als Kaltwasserbadeanstalt im 18. Jahrhundert.

8

IM KALTEN WASSER

Kloster Marienberg, Boppard

Das größte Kulturdenkmal des Rhein-Hunsrück-Kreises und Teil des UNESCO Welterbes Oberes Mittelrheintal steht seit gut 40 Jahren leer. Der drohende Abriss konnte mehrfach abgewendet werden.

Ehemaliges Kloster Marienberg Marienberger Hohl 1, 56154 Boppard
GPS 50.229365, 7.595773 **Anfahrt** Auto: A 60/61 bis Bingen-Mitte, L400 bis Boppard, Parkhaus Marienberg; ÖPNV: RB58/RE2 nach Boppard

sicherlich den ein oder anderen interessanten Fund tätigten. Und die Gebäude selbst brauchten je auch einen neuen Verwendungszweck. Der war schnell gefunden: Wo früher die Soldaten und Centurions badeten, wurden fortan Neuchristen mit kaltem Wasser getauft. Vom alten Militärbad St. Severus aus wurde das Mittelrheintal christianisiert.

ENDE UND NEUBEGINN Doch St. Severus brannte im 10. Jahrhundert ab und wurde durch eine kleine Kirche ersetzt. Zu winzig? Zu bescheiden? Man kann heute nur mutmaßen: Aber es war sicher kein Zufall, dass der prächtige Neubau von St. Severus im 12. Jahrhundert zur gleichen Zeit vorangetrieben wurde wie die Gründung des Klosters Marienberg. Wenn da mal kein Streit im Spiel war: Mit Hilfe einer – wie wir heute wissen – gefälschten Urkunde hatte eine Gruppe Bopparder Bürger die einfache Marienkapelle im Süden der Stadt von der Mutterkirche Sankt Severus abgetrennt und einem Trierer Kloster unterstellt.

RÖMER UND IHRE BÄDER Bodobriga, so der römische Name Boppards, entwickelte sich unter den Römern zu einem florierenden Handelszentrum. Hier am Ende des Mühltals kreuzten zwei wichtige Handelsstraßen und über den Rhein verkehrten auch damals schon die Lastkähne. Da schlug der Befehl Roms zum Abzug seiner Truppen bestimmt wie ein Unwetter ein. Sie wurden im Süden zum Schutz des Kernlandes gebraucht. Ähnlich wie die Amerikaner nach Beendigung des Kalten Krieges ließen sie ihre gesamten Gebäude und Anlagen unzerstört zurück. Da haben die Bopparder bestimmt nicht schlecht gestaunt, als sie plötzlich unbehelligt durch Forum, Tempel und Militärbad und Villen der Verwaltungsbeamten flanieren konnten und dabei

ZUCHT UND ORDNUNG waren Anfang des 15. Jahrhunderts ziemlich heruntergekommen. Die Grundsätze des klösterlichen Zusammenlebens wurden vielerorts vergessen und ignoriert. Hinter Ordensmauern hielt man sich Mätressen oder Liebhaber, trank und feierte wilde Feste, gebar uneheliche Kinder oder wohnte bei Familie, Freunden oder Verwandten. Die Ordenszugehörigkeit war dann nur eine Fassade. Das konnte so nicht bleiben: Die Benediktiner reformierten sich und beschlossen strengere Regeln. Kloster Marienberg nahm die Reformen dankbar an und setzte sie als erstes Kloster in Deutschland um. Heute würde man sagen, medienwirksam wurden in einem großen Festakt die Aspirantinnen eingekleidet und das Ordensgelübde abgelegt.

EIN VOLLER ERFOLG Mehr oder weniger begeistert von den neuen Regeln kamen Frauen von überall her, um sich Marienberg anzuschließen. Das geschah nicht immer freiwillig, denn die Adelsfamilien schickten ihre unverheirateten Töchter. Ohne Mann an ihrer Seite hatten sie damals keine Chance auf Versorgung und ein Leben in Sicherheit. Umgekehrt waren aber auch die Klöster auf die Neuen angewiesen und buhlten um deren Gunst: Wie in eine gute Ehe brachten sie nicht selten eine ordentliche Mitgift ein. Marienbergs Erfolg führte bald an seine Kapazitätsgrenze: Mehr als 150 Schwestern konnten die Mauern nicht aufnehmen. Zum Glück verließen auch immer wieder Nonnen die Bopparder Gemeinschaft: Sie wurden entsandt, um andere Klöster zu reformieren, arbeiteten dort als Äbtissin oder begleiteten andere leitende Funktionen.

700 FUSSKNECHTE Man mag es sich kaum vorstellen, was passierte, als 1497 der Markgraf von Baden 700 Soldaten im Kloster Marienberg einquartierte. Wochenlang dauerte die Belagerung im Streit um die Stadtrechte Boppards und die Befreiung von der kurfürstlichen Gerichtsbarkeit. Als die Bopparder am Ende aufgaben und die Kapitulation unterschrieben, war es auf jeden Fall mit Moral und Strenge wieder vorbei. Ab dem 16. Jahrhundert berichten Überlieferungen und Schriftstücke von tagelangen Feiern bei der Aufnahme neuer Schwestern, der Anwesenheit von Gauklern und Spielleuten und dass viele Nonnen ständig außer Haus in Privathäusern nächtigen würden. Zu dieser Zeit brach in der Nacht zum 10. März 1738 ein Brand aus, der den größten Teil der Gebäude zerstörte. Schnell wurde ein Neubau im Barockstil in Angriff genommen. Diesen können wir bis heute besichtigen. Doch das Klosterleben war bald zu Ende: Nachdem die französische Armee im Jahr 1794 Boppard besetzte, säkularisierte sie die Klosterkirche und versteigerte die Immobilie.

Vom Park aus erheben sich die Mauern noch mächtiger.

KALTWASSERBADEANSTALT Die neuen Besitzer versuchten sich mit einer Baumwollspinnerei und auch mit einem Mädchenpensionat – waren jedoch mit beiden Projekten glücklos und mussten die Bausubstanz vernachlässigen. So konnte ein Schüler von Vincenz Prießnitz Marienberg günstig erwerben. Prießnitz war ein österreichischer Naturheiler und sozusagen der Erfinder der beliebten Kaltwasserkur. Seine Arbeiten beeinflussten einen gewissen Sebastian Kneipp, der im Königsteiner Prießnitzbad hospitierte und dessen Methoden kennenlernte. Auch Boppard entwickelte sich erfolgreich. Das heruntergekommene Anwesen erstrahlte in neuem Glanz und vervielfachte seinen Wert. Ende des 19. Jahrhunderts konnte das Privatunternehmen sogar in eine Kurhaus AG überführt werden. Sie ging ihren Geschäften nach, bis der Erste Weltkrieg alles wieder durcheinanderbrachte.

MAHARISHI AYURVEDA 1918 interessierte sich die Kirche wieder für das alte Gebäude: Die Ursulinen richteten eine Schule ein, die

Weit sichtbar erhebt sich Kloster Marienberg über dem Rheintal.

bis heute existiert, wenn auch zwischenzeitlich ein neues Schulhaus direkt daneben in den Park gestellt wurde. Das nicht mehr benötigte, barocke Klostergebäude konnte an die Konkurrenz aus Indien verkauft werden: Die Maharishi European Research University ist der Öffentlichkeit als Sekte der Beatles und Hippies bekannt. Deren Gäste im Seminarzentrum Marienberg (1981 und 1984) lebten nach klösterlichem Vorbild zusammen und machten dank ihrer orangenen Kleidung deutschlandweit Schlagzeilen. Doch Maharishi Mahesh Yogis Ayurveda hatte mit der Tradition aus Indien wenig zu tun. Seine Mischung aus Heilkunst und Meditation war vor allem dafür bekannt, es auf die Geldbörsen der nach Erleuchtung Suchenden abgesehen zu haben. Da Marienberg schon nach kurzer Zeit wieder verkauft wurde, muss es sich wohl um eine Fehlinvestition gehandelt haben.

SPEKULATIONSOBJEKT In den 80ern wurde das Kloster Marienberg unter Denkmalschutz gestellt, sehr zum Missfallen der Erwerber, die wohl auf das Grundstück spekulierten. Mehrmals stellten sie Anträge, den alten Bau abzureißen, und klagten gegen die Bescheide. Sie verloren in allen Instanzen. Als dann ein österreichischer Architekt übernahm und versprach, die Gebäudesubstanz zu erhalten, um Wohnungen einzubauen, schien das barocke Gebäude gerettet. Doch das war vor Corona, Preisanstieg, Lieferkettenproblem und Facharbeitermangel. So warten die altehrwürdigen Mauern, zwar sichtlich von den Spuren des Leerstandes getroffen, aber ohne von der Natur zurückerobert zu sein, hinter ihrem Bauzaun auf die Rettung und Sanierung.

Das besondere Erlebnis

Die Rheinschleife bei Boppard bietet eine spektakuläre Aussicht. Mit dem Sessellift geht es bequem zur Bergstation mit einem großen Biergarten. Von oben bietet sich ein spektakulärer Ausblick auf den Rheinbogen mit seinen Schiffen – aber auch auf St. Severus und ein Stück dahinter Kloster Marienberg.

9

SCHINDERHANNES' RÄUBERNEST

Schmidtburg, Schneppenbach

Mindestens 800 Jahre verwalteten die Grafen der Schmidtburg das Kirner Land. Nach ihrem Abzug übernahm Schinderhannes' Räuberbande die Geschäfte.

Ruine der Schmidtburg, 55608 Schneppenbach **GPS** 49.845980, 7.391390
Anfahrt Auto: B327 bis Büchenbeuren, dann L182 zum Ziel

Strategisch günstig liegt die Schmidtburg auf einem Bergrücken innerhalb einer engen Flusskehre des Hahnenbachs.

KOPF AB! Es ist ziemlich erstaunlich, dass der letzte Amtmann erst im Jahr 1798 seinen Posten auf der Schmidtburg verließ. Damit blickt die Feste, die aus einer Ober- und Unterburg besteht, auf eine lange Geschichte zurück: Die ältesten Spuren lassen eine Entstehung zur Zeit der Ungarnstürme um das Jahr 900 vermuten. Damals zogen die Reitertruppen aus dem Osten wie eine Wetterkatastrophe über das unvorbereitete Mitteleuropa. Es dauerte gut ein halbes Jahrhundert, bis König Otto I. der Sache Herr wurde: Er siegte nicht nur in der Schlacht auf dem Lechfeld, sondern ließ die flüchtenden Ungarn verfolgen und einen Kopf kürzer machen. Es war die brutale Konsequenz aus der Regierungszeit seines Vaters Heinrich I.: Dieser hatte zwar das ungarische Heer bei Riade besiegt, doch die Geschlagenen formierten sich neu und kamen zurück.

BALDUIN VON TRIER Der Luxemburger auf dem Bischofssitz von Trier war ein umtriebiger Machtmensch, der seiner Familie im 14. Jahrhundert den Aufstieg in die höchsten Positionen des Reiches ermöglichte. Sogar gegen seinen obersten Boss behauptete er seinen Machtanspruch, indem er sich zum Bischof von Mainz wählen ließ. Der Papst brauchte acht Jahre, bis er Balduin aus Mainz zurück nach Trier vertrieben hatte. Dort regierte er mit strenger Hand und entmachtete mit Vorliebe die Adligen im Kurfürstentum. So manche zerstörte Burg ging auf sein Konto. Die Schmidtburg hatte das Glück, dass er sie kampflos nehmen konnte: Die dortigen Wildgrafen blieben ohne Nachkommen – starben einfach aus. Balduin organisierte die Region nach französischem Vorbild. Statt ein Lehen zu vergeben, setzte er Amtmänner ein. Sie verwalteten die Gegend nach seinen Vorgaben.

REBELLEN UND RÄUBER Mehr als 400 Jahre bestand das Amt Schmidtburg. Zwar kam zwischendurch Frankreichs Sonnenkönig Ludwig XIV. vorbei und zerstörte die Schmidtburg. Doch das Amt bestand weiter: Die Trierer bauten die Oberburg wieder auf, ließen die Unterburg allerdings zerstört liegen. Ein Jahrhundert später waren es wieder die Franzosen: Als die Revolutionstruppen 1795 alle linksrheinischen Gebiete besetzten, lösten sie den Trierer Regierungsbezirk Schmidtburg auf. Doch die Bevölkerung hatte nicht nach einem Machtwechsel gerufen und empfand die Franzosen mehr als Besatzer denn als Befreier. Wer kräftig, jung und wagemutig war, ging in den Widerstand. Nachts überfielen sie die Soldaten und stah-

Zwischen diesen Mauern fanden Schinderhannes Leute den passenden Zufluchtsort.

len Ausrüstung, Pferde und Munition. Freilich konnten sie gegen die gut ausgerüsteten und erfahrenen Franzosen wenig ausrichten. Wer Arbeit und Familie hatte, kehrte bald in sein bürgerliches Leben zurück. Wer keine hatte, machte einfach weiter und wurde Räuber. Da sich die französischen Truppen immer besser zu schützen wussten, überfielen die Banden notgedrungen die eigenen Landsleute. Dabei sollte nicht unerwähnt bleiben, dass der Begriff der damaligen Bande nicht unseren heutigen Vorstellungen entspricht. Es handelte sich vielmehr um lose Verabredungen zu dem einen oder anderen gemeinsamen Überfall. Ähnlich einer Gruppenreise kam mal der eine, mal der andere mit; nahmen manche öfter an den Streifzügen teil, manche seltener oder nur einmalig. Ebenso wechselten die Anführer.

ZU BRUTAL Vom Hunsrückdorf Liebshausen, nördlich von Simmern, konkretisierte sich dann die Moselbande und terrorisierte bald die ganze Region bis hoch in die Eifel und in den Westen bis Trier. Ihr Anführer Philipp Ludwig Mosebach, genannt Jäger-Philipp nach seinem erlernten Beruf, schwor alle, die auf dem Hunsrück von der Faust lebten, auf Zusammenhalt ein und sammelte ständig neue Gesichter um sich herum. Einer seiner Lehrlinge war ein gewisser Johannes Bückler, genannt Schinderhannes, nach dem Beruf seines Vaters und dessen Vaters. Der Familientradition folgend erlernte auch Johannes das Beseitigen von Tierkadavern, doch muss er sich mit seinem Lehrmeister nicht besonders gut verstanden haben: Wasenmeister Nagel hatte seinen Lehrling gerade zum zweiten Mal wegen Diebstahls angezeigt . Einmal unterschlug der Lehrling einen kleinen Geldbetrag, um sich Schnapps zu kaufen, beim zweiten Mal handelte es sich um Kalbfelle und eine Kuhhaut. Diese hätten Johannes seiner Darstellung nach aus alter Handwerkstradition zugestanden. Doch der Richter folgte seiner Argumentation nicht. Um einer härteren Strafe aufgrund des zweiten Vorfalls zu entgehen, war er aus dem Gerichtssaal geflohen und wusste nicht wohin. Mosebach nahm den Jungen bereitwillig auf und brachte ihm einen anderen Beruf, nämlich das Räuberhandwerk und wahrscheinlich noch einiges mehr bei. Denn Mosebach war Pfarrerssohn und somit von Haus aus des Lesens und Schreibens mächtig. Bückler dagegen stammte aus eher zerrütteten Verhältnissen. Daher ist es mehr als wahrscheinlich, dass er erst in Liebshausen Lesen und Schreiben lernte. Doch die erbarmungslose Brutalität der Moselbande behagte dem jungen Schinderhannes wenig.

PARTY Nach weiteren Festnahmen – jedes Mal gelang ihm die Flucht – saß der Schinderhannes mehrere Monate im Gefängnisturm von Simmern. Es liest sich wie eine Posse: In der Nacht vom 17. auf den 19. August 1799 sprang er aus dem ersten Stock in den Stadtgraben und entkam erneut. Von da an hielt er sich mit Überfällen auf christliche Mitbürger zurück. Er hatte mitbekommen, dass es Obrigkeit und Allgemeinheit kaum interessierte, wenn er jüdische Häuser überfiel oder Schutzgeld erpresste. Schinderhannes und seine Leute fühlten sich dadurch so sicher, dass sie sich nicht nur frei in den Dörfern bewegten, sondern auch auf Volksfesten zugegen waren. Auf einem dieser Feste traf er seine Räuberbraut Julchen Blasius. Der wollte er natürlich etwas bieten: Deshalb bezogen sie die leere Schmidtburg und damit nicht genug als Ausweichquartier Schloss Kallenfels oberhalb von Kirn.

RÄUBERBALL Die Anwohner der umliegenden Dörfer wussten natürlich, wo das Räubernest versteckt war. Doch die Bande brachte Geld in die arme und abgelegene Gegend, kaufte Proviant, Lebensmittel und Waren, während sie für ihr Geschäft die Gegenden weiter weg unsicher machte. Damit Julchen immer schöne Kleider hatte, beschäftigte Hannes gleich drei Schneider. Ihre Produkte durften natürlich nicht aus dem damals üblichen Hanf gefertigt werden. Nein, Seide musste schon sein. War es Übermut oder hatte Julchen Langeweile? Schließlich stammte sie aus einer Familie von Spielleuten und war es ihr Leben lang gewohnt, sich auf Festen herumzutreiben. Jedenfalls richtete Schinderhannes im Dorf Griebelschied einen großen Räuberball aus, in dem

Die Obrigkeit wollte sich vielleicht nicht die Mühe für den anstrengenden Weg machen.

die Bande zusammen mit der Bevölkerung ausgiebig feierte. Bei aller Solidarität und Verschwiegenheit der Leute konnte das den Behörden nicht mehr verborgen bleiben. Sie setzten sich auf Johannes' Fährte.

EIN ZUFALL Als die Luft für ihn immer dünner wurde, verkrümelte sich Schinderhannes auf die rechte Rheinseite. Auch die dortigen Behörden fahndeten mittlerweile nach dem Räuber aus dem Hunsrück. Allerdings lange nicht mit dem gleichen Nachdruck wie die Franzosen. Verhaftet wurde er dann eher zufällig, weil ihn im hessischen Wolfenhausen in der Gegend von Limburg keiner kannte. Bei der Personenüberprüfung log er, sich zum Militärdienst melden zu wollen, und gab einen falschen Namen an. Der flüchtige Fehler kostete Schinderhannes das Leben: Um mehr Soldaten zu rekrutieren, bekamen die jungen Rekruten ein Begrüßungsgeld. Allerdings hatte die Militärführung gelernt, dass viele nur kamen, um die Belohnung zu kassieren, und sich dann direkt verdünnisierten. Um dies zu verhindern, ließ sie alle Rekruten bewachen. So auch den Schinderhannes, der sogar das Rekrutierungsbüro unerkannt passiert hatte. Kurz darauf wurde er entlarvt, festgenommen und schließlich den französischen Behörden in Mainz übergeben.

VERRAT Schinderhannes' Mentor Mosebach war schon im Jahr 1799 verhaftet, verhört und schließlich hingerichtet worden. Doch der hatte den harten Verhörmethoden widerstanden und kein Wort gesagt, wer seine Kumpanen waren. Nicht so der Schinderhannes, dem das Gericht große Hoffnungen auf ein mildes Urteil machte. Im 16 Monate

Am idyllischen Hahnenbach traf sich Schinderhannes mit seinem Julchen.

Ein Zufall brachte Schinderhannes auf das Schafott.
Zur Hinrichtung kamen rund 30.000 Schaulustige.

dauernden Verhör belastete er über 100 andere Personen und gestand Schutzgelderpressungen, Raubüberfälle und Diebstähle. Die Unterstellung von Tötungsdelikten oder gar Mord lehnte er dagegen strikt ab. Das Gericht konnte ihm in dieser Richtung auch nichts nachweisen. Als der Prozess begann, saßen 58 Personen auf der Anklagebank und das Urteil stand schon fest. Die Einladungen zu Schinderhannes' Hinrichtung am 18. November 1803 waren schon verschickt worden. Trotzdem wurden 400 Zeugen angehört. Zur Hinrichtung auf der Guillotine kamen 30.000 Schaulustige. Die Schmidtburg indes war dem Verfall freigegeben. Erst in den 80er Jahren des 20. Jahrhunderts wurde sie freigelegt für Besucher gesichert und teilweise wieder aufgemauert, sodass die alten Grundrisse gut erkennbar sind. Die wildromantische Lage oberhalb des Hahnenbachs und weit außerhalb jeder Ortschaft verleihen ihr auch heute noch die Atmosphäre eines Räubernestes.

Das besondere Erlebnis

Die Hahnenbachtour führt in einer 9 Kilometer langen Wanderung rund um die Schmidtburg. Die verwirrende Topografie mit steilen Anstiegen und schroffen Abhängen lassen einen verstehen, warum sich Schinderhannes Johannes Bückler so lange der Verhaftung entziehen konnte. An idyllischen Flecken am Bachlauf kommt dagegen eine gewisse Räuberromantik auf, an der Keltensiedlung Altburg kann man das Leben unserer Vorfahren erkunden

Das Schwimmbecken wurde vom kalten Wasser der Kleinen Kyll gespeist.

10

BADEKYLL

Freibad Niederstadtfeld

Am 20. Juni 1939 eröffnete das Freibad in Niederstadtfeld. Das erste seiner Art in der Eifel sollte wegweisend für die körperliche Ertüchtigung der »arischen« Landbevölkerung werden.

Ehemaliges Freibad Niederstadtfeld, Tal an der L27 zwischen Niederstadtfeld und Schutz **GPS** 50.1494969119, 6.759619697812 **Anfahrt** Auto: A1 bis Ausfahrt 122 Manderscheid weiter über L16, L46, L27 bis Niederstadtfeld

KEIN NAZISCHWIMMBAD An mehreren Fundstellen ist zu lesen, dass es sich bei der Ruine des Freibades in Niederstadtfeld nicht um das »Nazi-Schwimmbad« handeln würde. Tatsächlich wäre die Bezeichnung »Alte Badeanstalt« korrekt. Vollkommen nachvollziehbar möchten die Einwohner des 450 Seelen-Dorfes nicht den Eindruck erwecken, den Machthabern des Dritten Reiches freundlich gegenübergestanden zu haben. Vom Badevergnügen an der Kleinen Kyll haben sie kaum Gebrauch gemacht und es nur notgedrungen – auf Anordnung hin – benutzt. War es Pragmatismus oder die Wut gegen das braune Regime? Jedenfalls haben sie das stolze Freibad nach Kriegs- und Regimeende direkt abgerissen und die Materialien für ihre eigenen Bauvorhaben genutzt.

DIE 30ER Das Leben in der Eifel der 30er Jahre war bestimmt kein Zuckerschlecken, lang und hart die Tage auf dem Feld, um die Familie versorgen zu können. Wer hatte da schon Zeit, sich mit Politik zu befassen, wenn sich das Leben vielerorts um Hunger und eine warme Stube drehte? Natürlich gab es genug Holz, aber es musste auch geschlagen werden. Wer nicht in der Landwirtschaft tätig war, sondern in der Verwaltung etwas zu sagen hatte, kam nicht ohne Parteibuch aus oder umgekehrt, wer sich in der Partei hervortat, kam auch in der Verwaltung voran. So konnten Schule, Rathaus und Kreisverwaltung bald bequem Hand in Hand arbeiten.

LANDJUGEND, BADE UND SCHWIMME war eine landesweite Aktion der deutschen Verwaltung, die etwa 1936 begann. Denn Schwimmen halte den Körper gesund und mache ihn hart und widerstandsfähig. Deshalb ist es Pflicht der Landbevölkerung, schwimmen zu lernen. Die Aufforderung fand bei Volksschullehrer Jakobs schnell Gehör. Das Parteimitglied fand bald die erforderlichen Befürworter und Gelder. Wobei teuer waren die Projekte der Nazis selten: Die örtliche Bevölkerung wurde einfach zum Helfen herangezogen – ob sie wollte oder nicht. Damit jeder begeistert mitmachte, gab es mit der GESTAPO eine funktionierende Verhaftungsorganisation mit angsteinflößenden Erschießungskommandos. Im Nachbarort machte sich NSDAP Kreisleiter Walther Kolle einen Namen als Lokaltyrann. Der offizielle Titel, der heute so harmlos klingt, man denke nur an die Kreisklassen, die

Die Bevölkerung Niederstadtfelds nahm das Schwimmbecken nie an.

Man könnte das Bad für ein heruntergekommenes Goldfischbecken halten ...

untersten Klassen im Sport, war in der NS-Welt nach Führer, Vertreter und Gauleiter der vierthöchste Posten im Land.

BADEQUAL Kolle kam dann auch zur Eröffnung und hielt die zu erwartende Rede über Führer, Dankbarkeit, die blühenden deutschen Lande und wie wohltuend körperliche Ertüchtigung für Gesundheit und Geist sei. Doch die zwei Becken, das kleine für Nichtschwimmer und das Sportbecken mit immerhin 30 x 15 Meter, wurden von der Kleinen Kyll gespeist. Deren Wasser war eiskalt und nur an Hochsommertagen erträglich. So blieb die große Freude über das tolle Geschenk aus. Statt ewiger Dankbarkeit ernteten die Initiatoren des Projektes höchstens ein Kopfschütteln. Freiwillig kam keiner zum Baden. Dann mussten halt eben die ins Becken, die sich nicht wehren konnten. In Schule und Kindergarten stand jetzt Schwimmunterricht auf dem Stundenplan. Die Kinder wollten zwar auch nicht in die eisigen Fluten, doch es galt das Recht des Stärkeren: Mit brachialer Gewalt wurden sie einfach ins kalte Wasser geworfen. Reste der Becken und die Startblöcke sind heute noch in einem kleinen Wäldchen verborgen. Wer sie entdeckt und die Geschichte nicht kennt, kann sich nur schwerlich einen Reim auf das Bauwerk machen, denn ein Freibad würde man kaum an der Stelle vermuten.

Das besondere Erlebnis

Weiter oben im Risselbachtal warten die Gebäude der 2011 geschlossenen Grund- und Hauptschule Niederstadtfeld auf einen neuen Verwendungszweck. Bei meinem Besuch befanden sie sich im Zustand eines kürzlich verlassenen Gebäudes mit ersten Anzeichen eines Lost Place. Ich bin gespannt, wie es damit weitergeht.

... wären da nicht die alten Startblöcke.
Von ihnen wurden die Kinder einfach ins Wasser gestoßen.

11

PROMIS IM WALD

Hotel Brabant, Johanniskreuz

Am herausgeputzten Ausflugsort dümpelt das alte Kurhaus und ehemalige Waldhotel vor sich hin. Früher übernachteten hier der Prinz und ranghohe Politiker.

Ehemaliges Waldhotel Brabant, Johanniskreuz 3, 67705 Trippstadt
GPS 49.33659, 7.82618 **Anfahrt** Auto: A6, B48

Im Waldhotel übernachtete im Jahre 1902 Prinz Ludwig von Bayern. Er war der erste einer ganzen Reihe von VIPs.

Der ehemals gepflegte Park überwuchert das Gebäude von den Seiten.

VOLKSFEST Hätte Karl Lauterbach an einem Aprilsonntag des Jahres 2021 Johanniskreuz besucht, wäre er wohl – geschockt über die Unvernunft der Leute – in wilden Aktionismus ausgebrochen und hätte den Weiler direkt räumen lassen. Obwohl der Flecken fern der Zivilisation mitten im Wald liegt und nicht einmal zwei Dutzend ständige Einwohner zählt, herrschte Volksfestcharakter. Dicht an dicht standen Hunderte von Motorrädern und auch ein paar wenige Autos auf den Parkplätzen. Ihre Besitzer, direkt daneben, fachsimpelten über ihre Bikes oder genossen einfach die in der Coronazeit lange vermisste frische Luft.

KREUZBESETZER Dabei ist das Bild gar nicht ungewöhnlich für Johanniskreuz, das seinen Namen wahrscheinlich aufgrund einer unrechtmäßigen Inbesitznahme erhalten hat. Der Überlieferung nach ärgerte sich Johannes von Wilenstein über seinen Nachbarn, den Ritter Reinhart aus Hohenecken. Dieser hatte zum Zeichen seines Zoll- und Begleitrechtes drei Kreuze unweit der Burg Wilenstein aufgestellt. Kurzerhand ließ Johannes, der auch sonst gerne die eine oder andere Fehde geführt haben soll, sein eigenes Wappen einmeißeln. Des Herrn Johannes Kreuz blieb bis heute als Ortsname erhalten.

GEBURTSORT DES PFÄLZERWALDES Johanniskreuz liegt sehr nahe an den zentralen Hügeln des Pfälzerwaldes auf einem Bergrücken, der die Wasserscheide der Region bildet. Die natürliche Wegführung brachte schon in frühen Zeiten Reisende zu diesem Punkt, an dem sich mehrere Fernverbindungen trafen und das noch heute tun. Für den geschäftstüchtigen Förster war das ein Glück. Statt sich nur um Wald und Forst zu kümmern, verköstigte er im noch heute existierenden Forsthaus aus dem Jahre 1822 die Reisenden. Kamen sie spät am Abend, konnten sie auch übernachten. Um dieses Geschäft weiter anzukurbeln, lud er sich im Jahre 1843 den Ministerialrat Albert von Schulze und mehrere Kollegen aus den benachbarten Revieren ein. Die Herren beratschlagten, wie sie ihre Heimat, die damals zu den Nordvogesen gezählt wurde, besser vermarkten könnten. Dabei wurde die Marke »Pfälzerwald« geboren.

↑ Das Mobiliar verteilt sich auf das Grundstück.
↗ Wenigstens hat jemand den Müll in den Eingang gestellt.

NOBLER GEHT BESSER Obwohl sich Johanniskreuz zu einem der führenden Ziele der Region entwickelte, wurden die Übernachtungen im Forsthaus ab dem Jahr 1885 nicht mehr angeboten. Eine andere Schlafmöglichkeit für die Gäste musste geschaffen werden. Mit dem neu errichteten, noblen Kurhaus zielte man auf zahlungskräftigere Gäste als im einfachen Forsthaus. Ab 1898 empfing man betuchte Gäste im luxuriösen Ambiente. Damit ließ sich doch besser Geld verdienen als mit dem einfachen Waldarbeiterhaus früherer Tage. Der im Schweizer Stil erbaute Neubau lag in einem vornehmen Park, verfügte vor und hinter dem Haus über je eine Veranda und alle Zimmer waren mit Balkon ausgestattet. Als prominentester Gast aus den Anfangsjahren wird Prinz Ludwig von Bayern im Jahr 1902 angegeben. Doch wir erinnern uns: Die Pfalz gehörte damals zum Königreich Bayern. Da ist es durchaus auch möglich, dass der Landesfürst seine Besitztümer inspizierte oder sogar zu Promotionszwecken im Pfälzerwald nächtigte.

PROMINENT DURCH DIE JAHRE Johanniskreuz schaffte es immer wieder von sich reden zu machen und Gäste anzulocken. Hierbei half die Großveranstaltung des Katholikentages der Diözese Speyer, die außer in der NS-Zeit zwischen 1908 und 2007 regelmäßig vor Ort ausgerichtet wurde. Möglicherweise war dies auch der Anlass für die Gästebucheinträge der beiden hochrangigen Politiker Theodor Heuss und Konrad Adenauer im Jahr 1961. Das Kurhaus erlebte in dieser Zeit eine neue Ausrichtung: Das Waldhotel Willi Brabant – so der neue Name – wurde um- und ausgebaut. Nach und nach folgten An- und Umbauten, weitere Zimmer, weniger

Parkanlagen, dafür ein Hallenbad und was ein gutes Hotel im 20. Jahrhundert noch so alles benötigte.

CURRYWURST STATT CORDON BLEU

Nach Willis Tod übernahmen seine zwei Töchter den Betrieb für eine kurze Zeit. Doch auch sie hörten irgendwann auf und der letzte Betreiber hatte es wohl nicht mehr so mit der feinen Kundschaft. Die Plastiktafel, auf der noch heute in roten Buchstaben Jay-Kay-Diner prangt, bietet Kaffee zum Mitnehmen, Currywurst und Pommes an. Wahrscheinlich waren die Innenräume schon zu dieser Zeit unbewohnbar, sodass der Hotelbetrieb zu einem Kiosk degradiert werden musste. Aber kann man so viele Bratwürste verkaufen, um ein Haus dieser Größe wieder in altem Glanz erstrahlen zu lassen? In Johanniskreuz konnte man das nicht. Seit Jahren steht das Waldhotel leer. Von der alten Parkanlage ist nichts übrig geblieben. Die Decken hängen schief herunter und der Putz bröckelt von den Wänden. Durch die eingeschlagenen Scheiben pfeift der Wind und die Sprayer waren vor Ort, haben überall ihre Farbdosen versprüht und liegen lassen. Ein großes Plakat »Zu Verkaufen« konnte trotz der exponierten Lage bisher keine Investoren anlocken.

Das besondere Erlebnis

Johanniskreuz liegt auf der Nordroute der Pfälzer Jakobswege. Wie wäre es denn, statt mit dem Motorrad, den 125 Kilometer langen Pilgerweg zwischen dem Kaiserdom zu Speyer und Kloster Hornbach zu nutzen, um Johanniskreuz auf klassischem Weg zu Fuß zu erreichen? Und falls Sie ein wenig mehr Zeit haben: Bis Santiago de Compostela sind es nur noch 1810 Kilometer.

Aus dem Schwimmbad könnte man doch wieder etwas machen!
Der Dark Banksy an der Rückwand muss natürlich bleiben!

Die pädagogisch wegweisende Heimschule aus dem Jahr 1927 steht seit Kriegsende leer.

12

EIFELSCHRECK

Heimschule Nickenich

School's out – Die Schule ist aus. Für immer! Sehr schade, denn Bruno Bentens Heimschule war fortschrittlich und in mancher Beziehung moderner als einiges, was wir heute so haben.

Heimschule Nickenich, Laacher Höhe an der Traumschleife »Pellenzer Seeuferweg«
Heimschule 1, 56645 Nickenich
GPS 50.425068, 7.297783 **Anfahrt** Auto: A 61 bis Ausfahrt 33 Wehr, dann L115/116 bis zum Parkplatz Keller Kreuz, Rest zu Fuß.

ALARMGLOCKEN Als die »Gesellschaft für ländliches höheres Heimschulwesen gemeinnützige GmbH« am 18. September 1927 die neu gebaute Heimschule eröffnete, war erst ein kleiner Teil der geplanten Gebäude fertig gestellt. Dem ersten Jahrgang präsentierte sie einen straffen Stundenplan. Und wer sich nur oberflächlich mit der Tagesordnung von 6:30 Uhr in der Frühe bis zur Nachtruhe um 21:00 Uhr beschäftigt, winkt schon angewidert ab. Doch wer sich den gut strukturierten Tagesablauf genauer anschaut, entdeckt zukunftsweisende pädagogische Konzepte, die zwar auch heute noch ihre Gültigkeit besitzen, aber oft auf der Strecke geblieben sind. Die fünf über den Tag verteilten Schulstunden lagen eingebettet in körperliche Aktivitäten wie Sport, Gartenarbeit oder Handwerken. Dadurch boten sich den Schülern viel Freiraum und Bewegung zwischen den Stillsitzphasen im Klassenraum. Ein Schulkonzept, dessen Fortsetzung vielleicht sogar neue Erkenntnisse in der ADHS-Forschung bringen könnte, denn nicht alle Mediziner und Pädagogen sehen Hyperaktivität und Aufmerksamkeitsdefizit als Krankheit an, die man mit Medikamenten behandeln muss. Vielmehr sei die Zappelei eine Reaktion des Kindes auf sein Umfeld und den unbefriedigenden Tagesablauf.

SCHWARZER FREITAG Wir werden es nicht ergründen können, denn die Heimschule Nickenich musste 1933 nach nur fünf Jahren den Schulbetrieb wieder schließen. Doch die Schule hatte schon vorher Probleme: Nicht mal ein Viertel der ursprünglich geplanten Gebäude wurde realisiert. Weil am 24. November 1929 ein Börsencrash die Weltwirtschaftskrise auslöste, fehlten die Gelder für den Weiterbau der Schule. Dann kamen die Nazis und machten dicht. Sie erlaubten be-

Das Inventar wurde ausgebaut und Generationen von Sprayern haben sich an den Wänden verewigt.

kanntermaßen keine konfessionellen Schulen. Und dazu gehörte das neue Erziehungskonzept auf der Laacher Höhe: Gesellschafter hinter den Kulissen waren neben anderen kirchlichen Vereinigungen der Bischof von Trier und die Abtei Maria Laach. Die Katholiken hatten nach dem Ersten Weltkrieg einen enormen Zulauf verzeichnet, der zu ihrem Bedauern in den 20ern schnell abgeflacht war. Nun beabsichtigten sie mit Hilfe des neuen Erziehungskonzeptes an diese guten Zeiten anzuknüpfen. Schulleiter Dr. Bruno Benten wurde seiner Stellung enthoben. Er übernahm im Jahr 1948 einen heruntergekommenen Alpengasthof im Schweizer Grindelwald, um ein Ferienheim zu gründen.

DIE ERSTEN CRUISE MISSILES Ab 1933 folgte die Nutzung durch nationalsozialistische Projekte. Junge Frauen, die ihr Landjahr absolvierten, übernachteten im Gebäude, während sie tagsüber auf den Bauernhöfen der Region oder in kinderreichen Familien halfen. Sie mussten 1944 den Platz für die Soldaten des Regiment Wachtel frei machen. Das nach einem Oberst der Luftwaffe benannte Kommando betreute die Mutter aller Marschflugkörper. Denn auf der Fieseler Fi 103 – die der Allgemeinheit unter dem Namen V1 Rakete bekannt ist – basierten viele der späteren Konstruktionen bis zur heutigen Drohnentechnik. Die von Wachtels Männern abgeschossenen 8892 Raketen waren allerdings militärisch recht sinnlos. Da

↓ Immerhin gibt es noch Geländer in den Treppenhäusern.

↘ Doch Rohre und Leitungen wurden vollständig demontiert.

Die leeren Fensterlöcher präsentieren eine grandiose Aussicht bis zum Siebengebirge auf der rechten Rheinseite.

sie unfähig waren, ein strategisches Ziel zu treffen, richteten sie vor allem zivilen Schaden an. Und dies nicht nur im Zielgebiet: Knapp 1200 V 1 konnten nicht erfolgreich gestartet werden und stürzten direkt wieder ab. Die Rheinländer nannten sie bald nur noch Eifelschreck.

WIEDERAUFBAU Nach dem Krieg lag Deutschland in Schutt und Asche. Kaum ein Haus, das die Zeit unbeschadet überstanden hatte. Deutschland brauchte den Wiederaufbau. Überall wurde gewerkelt, gehämmert und geschuftet. Doch die Materialien waren knapp. Man holte, was man brauchte, und fragte nicht lange, woher die Baustoffe kamen. Die Heimschule diente als kostenloser Selbstbedienungsbaumarkt. Alles, was man irgendwie brauchte und wiederverwenden konnte, wurde demontiert: Die Dielen der Fußböden, Fenster, Türen, Rohre oder Fliesen fanden woanders eine neue Zweckbestimmung. Übrig blieb der Rohbau, wie wir ihn heute kennen – abgesehen von den vielen Schichten Graffiti, die heute die grauen Bimssteinwände schmücken. Natürlich gab es Pläne, die Schule wiederzubeleben. Ein Schullandheim scheiterte an der Ende der 50er Jahre nicht vorhandenen Wasserversorgung. Heute würde sich auch eine Station für die Wanderer der »Traumschleife Pellenzer Seeuferweg« anbieten. Der Weg führt direkt am Lost Place vorbei. Und die Aussicht bis hinüber ins Siebengebirge verdient ohne Zweifel das Prädikat »Schöne Aussicht«.

Das besondere Erlebnis

Wer sich auf die Spuren der V 1 Rakete begeben möchte und die Wahrheit hinter der Propaganda sucht, findet im nahen Landkreis Neuwied Überreste der Abschussstellungen. Die Rakete selbst steht im Museum in Peenemünde auf Usedom. Auf den ersten Blick ist die Verwandtschaft der V 1 mit der Cruise Missile auf der Pydna in der Eifel zu erkennen.

13

DER SCHATZ IM SILBERTAL

Grube Adolph Helene, Altlay

Eine Landschaft wie aus dem Eurowestern: Schroffe Felswände türmen sich steil hinter dem bisschen Grün am Altlayer Bach gen Himmel. So gar nicht ins Bild passen will die verlassene Erzwäsche der Grube Adolph Helene.

Grube Adolph-Helene, Ort: 56858 Altlay, Wald am Altlayer Bach
GPS 49.994798, 7.285584, **Anfahrt:** PKW Über B 421 und Zeller Straße nach Peterswalde, am Ende des Bildchenweges parken, Rest zu Fuß

Der alte Grubeneingang führt nur noch wenige Meter in den Berg.

ALTLAYER SCHWEIZ Lay kommt aus dem Gallischen und bedeutet Schieferfels. Der Begriff steht für Orte, die steil zu einem Fluss oder Bach abfallen. Wer einen Lay besitzt, hat es deshalb schwer. Er muss das Grundstück unter unsagbaren Mühen und ohne maschinelle Hilfe bewirtschaften. Doch manchmal gedeihen auf dem Schiefer edle Weine, die einen guten Preis erzielen. Nicht so in Altlay, wo man seit Jahrhunderten Bergbau betreibt. Und als ob der Begriff Lay nicht schon bezeichnend genug wäre, gab man der Gegend zusätzlich den Beinamen Schweiz.

TRAFOHAUS Von Peterswald windet sich der Weg in weiten Schleifen den Berg hinunter ins enge Tal. Dort angekommen, taucht linker Hand das alte, turmartige Trafohaus auf. Die Tür steht offen. Leer und verlassen starren mich die Wände an. Früher waren hier einmal Transformatoren, Transistoren und andere elektrische Gerätschaften untergebracht. Hätte man die Geräte nicht entfernt, wären sie vollkommen nutzlos: Die Leitungen, welche die Elektronen in die Schlucht gebracht haben, sind lange abgebaut. Die Metallhaken, an denen die Kabel angebracht waren, warten in der Höhe vergebens auf neuen Anschluss. Am Hang gegenüber knallt die Sonne erbarmungslos auf die graue Schlackenhalde.

SCHMALFILM Im Web gibt es ein paar Schmalfilme von der Grube in Altlay. Sie wurden wohl in den 1950ern aufgenommen. Damals war hier alles voller Buden, Häuser und Menschen. Eng aneinandergedrängt wuselten die Arbeiter in geschwärzter Arbeitskleidung im Tal herum, gingen ihrer Arbeit nach, rauchten Pfeife, tranken und grinsten mit schiefen Zähnen in die Kamera, bevor sie dicht zusammengedrängt im Förderkorb in den Berg hinabfuhren. Kein Pflänzchen ist im Hintergrund zu sehen, kein Baum, nichts, nur graue Steine, Schlacke und viel Staub. Das kann keinen Spaß gemacht haben. Und trotzdem grinsten sie.

Wie ein Pueblo schmiegt sich die alte Erzwäsche an den steilen Hang.

LEBENSUNTERHALT FÜR GENERATIONEN Adolph Helene war dreckig, staubig und ungesund. Doch das Bergwerk sorgte über Generationen hinweg dafür, dass die Familien ihrer vielen Arbeiter gut leben konnten, dass keiner hungern musste, dass alle ein Dach über dem Kopf hatten. Schon im Jahre 1409 wurden hier Metalle abgebaut. Länger als 500 Jahre sind Menschen in den Schiefer hineingefahren, haben mehr als 357.000 Tonnen Silber, Blei und Erz aus der Tiefe geholt, haben geschuftet, den Lebensunterhalt für ihre Familien verdient, sind dafür gestorben – ein Schatz, den es zu hüten galt.

DAS ENDE Doch was ist, wenn der Schatz kein Schatz mehr ist, wenn er einfach nichts mehr wert ist? Ende der 1950er Jahre sank der Preis für Erze schnell und plötzlich. Ein ruinöser Wettbewerb hatte eingesetzt. Starke Marktteilnehmer aus Übersee überschwemmten den Markt mit billigen Erzeugnissen. Ihr Ziel war es, die Etablierten vom Markt zu drängen. Es waren die Anfänge der Stahlkrise, die in den 1960er Jahren ihren Höhepunkt fand und in Wahrheit nicht nur Stahl, sondern alle Bodenschätze betraf. Adolf Helene war eins der ersten Opfer und beendete die Förderung im Jahr 1959. Der Förderturm und die meisten Gebäude wurden in den darauffolgenden Jahren abgebaut. Nur die Erzwäsche und das Trafohaus erinnern an die quirlige Zeit im urigen Tal.

Stück für Stück holt sich die Natur die alten Gebäude zurück.

ERZWÄSCHE Wie ein Pueblo stapeln sich die Häuschen hinter der eigentlichen Eisenwäsche am steilen Hang. Früher führte eine Lorenbahn links davon den Berg hinauf. Sie beförderte die Erze nach oben in einen Silo. Reste sind dort noch im Wald zu erkennen. Doch vom Silo bleibt man besser weg. Dort geht es mehrere Meter tief nach unten. Die meisten scheinen das kapiert zu haben oder scheuen den steilen Aufstieg: Kaum ein Sprayer hat sich nach dort oben verirrt. Nicht so unten in der Erzwäsche an den alten Wasserbecken, in denen sich eine bunte Mischung aus Unkraut und Müll angesammelt hat. Dort leuchten die Wände in grellen Farben und verkünden die unterschiedlichsten Botschaften.

BETRETEN VERBOTEN Für die Wanderer im Tal existiert direkt vor der Grube eine Sitzgruppe. Von dort kann ich das Ensemble betrachten und auf mich wirken lassen. Wie es sich in zwei länglichen quer stehenden und drei weiteren eher turmartigen Bauten hintereinander stapeln. Kein Zaun und keine Absperrung halten die neugierigen Besucher davon ab, das Gebäude zu erkunden. Oder doch: Vorne links warnt ein gelbes Schild mit den obligatorischen Worten. Halb zerbrochen und zugewachsen, hinter Dornen und Sträuchern versteckt, wirkt es genauso verlassen und vergessen wie das Gebäude, dessen Zutritt es verwehren soll.

Das besondere Erlebnis

Wer gerne wandert, findet auf der Traumschleife Altlayer Schweiz weitere Spuren des Schieferabbaus, schroffe Felsen und scheinbar unberührte Bachtäler. Höhepunkt ist der mit einem Stahlseil gesicherte Klettersteig auf felsigem Untergrund.

Erbarmungslos brennt die Sonne auf die steile Schlackenhalde im Altlayer Tal.

Pompös, monumental und marode:
In der Halle wurde das Erz gelagert.

14

DIE BAROCKE UND IHRE KUXE

Grube Amalienhöhe, Waldalgesheim

Oberhalb von Waldalgesheim hielt die barocke Baukunst spektakulär Einzug in den Bergbau. Die denkmalgeschützten Gebäude bilden ein einzigartiges Ensemble.

Industriedenkmal Amalienhöhe, Ob. Amalienhöhe 233, 55425 Waldalgesheim
GPS 49.958892, 7.839163 **Anfahrt** Auto: A61 bis Ausfahrt Waldalgesheim dann L214,

EIN SCHLÖSSCHEN Links und rechts des Tores mit dem »verkehrsberuhigter Bereich Schild« flankieren zwei gelbe Pförtnerhäuser mit einer barocken Schieferhaube die Einfahrt zu einem einladenden Platz. Dort warten Campingmöbel und Spielgeräte darauf, dass ihre Eigentümer von der Arbeit oder Schule zurückkommen. Dann ist auch sicher im blauen Planschbecken wieder etwas los. Ein älterer Herr nutzt die Ruhe, liest im Schatten eines Baumes seine Zeitung. Links und rechts in den imponierenden Wohnhäusern, ebenfalls in freundlichem Gelb-Grün gestrichen, halten sich sicher mehr Leute auf. Ihre Autos parken auf dem einladenden Grundstück im Stile eines Barockschlösschens. Man ist versucht zu fragen, ob noch Wohnungen frei sind und man sich hier einmieten kann. Doch dann fällt hinten rechts eine Ruine auf: ein braunes Gebäude ohne Fenster und mit bedrohlichem Einblick unters Gebälk des offenen Giebels. Okay, da ist wohl noch nicht renoviert worden. Wird bestimmt bald erledigt: Doch genau da liegt das Problem. Das Schlösschen war in Wahrheit gar keins, sondern eine Erzgrube mit einmaliger Architektur. Da, wo das Loch ist, stand früher der 50 Meter hohe eiserne Förderturm zwischen Erzsilo, Kaue und Maschinenhaus. Zwar soll der Wiederaufbau im alten Stil eine Bedingung für die Erlaubnis zum Abriss gewesen sein, doch wer sollte das finanzieren?

KUXE Man sollte meinen, die Waldalgesheimer wünschten sich, ihr Dr. Geier hätte nie damit angefangen, oberhalb des Ortes nach Erzen zu suchen. Doch obwohl er bereits 14 Jahre nach seinen ersten Grabungen im Jahre 1889 verstarb, ist sein Name noch allgegenwärtig. Dafür haben seine Erben gesorgt: Sie wandelten den Familienbetrieb in eine nach dem Gründer benannte Bergbaugewerkschaft um. Zur Finanzierung ihrer Ex-

Der Brunnen lieferte das Kühlwasser für die Turbinen im Maschinenhaus dahinter.

pansionspläne sammelten sie Geld ein, indem sie Anteile am Bergwerk, die sogenannten Kuxe, verkauften. Doch der Abbau der nicht sehr tief liegenden Erze führte sehr schnell zu großen Schäden an der Bausubstanz von Waldalgesheim. Schon 1908 gab es erste Bergsenkungen und die Dorfbewohner mussten ihre Häuser verlassen. Da gefiel es den Eigenheimbesitzern gar nicht, dass der Bergwerksbetrieb auch noch vergrößert werden sollte. Doch der Kaiser brauchte das Mineral für die Stahlerzeugung. Durch den Ersten Weltkrieg war sein Bedarf daran enorm gestiegen. So übten Kirche und Staat sanften Druck auf verkaufsunwillige Waldalgesheimer aus und siedelten schließlich 124 Häuser und zwei Kirchen des alten Ortskerns weiter südlich wieder an. Der befand sich oberhalb der heutigen Niedergasse. Dort finden Wanderer heute Erholung im idyllischen Naturschutzgebiet mit seinen Bruchteichen.

AMALIENHÖHE In diese Zeit datieren auch die Planungen des Darmstädter Architekturbüros Seibert und Markwort. Die Amalienhöhe war nach dem Darmstädter Bahnhofshotel eines ihrer ersten größeren Projekte. Viele andere sollten folgen. Denn ihre schnieken Fassaden und das monumentale Äußere verbergen den industriellen Gebäudezweck auf eine einmalige und unnachahmliche Weise. Wer sonst wäre auf die Idee gekommen, dem Bergwerk das Aussehen und die Form eines Theater- und Museumsviertels zu geben? Dabei überraschen viele Detaillösungen, die praktisch wenig Sinn machen, wie die Fensterreihe unterhalb der Bedachung des monumentalen Erzsilos. An anderer Stelle verbergen sie wieder gekonnt die wahre Funktion ihrer Bauten: Die verspielte Brunnenanlage mit Fontäne war in Wahrheit Kühlanlage für die Motoren und Turbinen im Maschinenhaus dahinter.

↓ Die Grube Amalienhöhe bildet ein einmaliges Gesamtkunstwerk.
↘ Natürlich steht sie unter Denkmalschutz.

Der Förderturm musste aus Sicherheitsgründen abgerissen werden. Doch die Lücke soll wieder geschlossen werden.

DRAUSSEN BLEIBEN! Anfang der 1950er Jahre hatten die Arbeiter 5,5 Millionen Tonnen Erz aus dem Boden geholt. Dann war es alle. Doch zum Glück hatte der Boden noch weitere Schätze zu bieten: Dolomit. Ein Unglück kommt selten allein: Bald entwickelten die Stahlwerke Techniken, mit deren Hilfe sie ihre Produkte ohne das Mineral aus Waldalgesheim herstellen konnten. Grube Amalienhöhe blieb nichts anderes übrig, als 1970 den Betrieb einzustellen. Danach verfielen die verlassenen Gebäude. Natürlich gab es Bestrebungen, das außergewöhnliche Ensemble zu retten. Weil sie einen guten Plan vorlegten, das Gelände in ein Zentrum für Kunst und Kultur zu verwandeln, ging das Grundstück 2002 an neue Eigentümer. Ein Jahr später waren die Feuerwehren der Nachbargemeinden vor Ort, um einen Großbrand zu löschen. Die Schäden sind noch heute sichtbar. Danach ist wohl die Eigentümergemeinschaft in zwei Teile zerbrochen: Während die schmucken Direktionsgebäude schon lange zu Wohnzwecken hergerichtet sind, verfallen die eigentlichen Grubengebäude weiterhin. Ob die sehr stark einsturzgefährdeten Bauten noch gerettet werden oder – wie so oft – nur noch der Grundstückswert als Baugrund zählt?

Das besondere Erlebnis

Seibert und Markwort wurden nicht nur mit dem Bau der Bergwerksgebäude beauftragt, sondern planten auch die Ersatzhäuser für die Familien, deren Heim durch Bergsenkungen unbewohnbar wurde. Deren barockklassizistisches Erscheinungsbild hebt sich in Provinzialstraße, Gartenstraße und Ernst-Esch-Str. deutlich von der restlichen Bebauung Waldalgesheims ab.

15

KRIEG UND BADEN

Malberg, Bad Ems

Im 19. Jahrhundert galt das Weltbad Bad Ems als Zentrum von High Society und Politik. Was Zar und Kaiser zwischen Kurbad, Promenade und Casino umtrieb, hat Auswirkungen bis in die heutige Zeit.

Bergstation der Malbergbahn, Großer Malberg, 56130 Bad Ems
GPS 50.326350, 7.714632 **Anfahrt** Auto: B260 Abfahrt Friedrichsegen-Lahnstein, über Früchter-/Emserstr. durch Frücht Wanderparkplatz ca. 1,5 Km nach Ort, 2,5 km vorwiegend flache Wanderung; ÖPNV: RB23 bis Bhf Bad Ems 40 Minuten steiler Fußmarsch

Bis dass der TÜV uns scheidet:
Die Malbergbahn soll irgendwann wieder in altem Glanz erstrahlen.

Früher befand sich hier oben ein Ausflugslokal mit Streichelzoo.

BAD EMS Wo warme Quellen lockten, machten sich traditionell die Römer breit. Sie waren Vorreiter in puncto Kur und Wellness und legten den Grundstein für Bad Ems' Karriere als bekannter Kurort. Der Ruhm baut auf das örtliche Thermalwasser. Laut der Bad Emser Therme sei das darin gelöste Salz das einzige mit einer nachgewiesenen pharmakologischen Wirkung auf Schleimhaut und Atemwege. So kommen über die Jahrhunderte viele Badegäste. Doch es könnten ja auch mehr werden. Deshalb verknüpften die geschäftstüchtigen Bad Emser ab dem 18. Jahrhundert die Themen Kultur- und Freizeitvergnügen mit dem Thema Gesundheit. In dieser Zeit entstanden die ersten mondänen Villen, Hotels und das große Kurhaus, das heute noch existiert und als Hotel bekannt ist. Die High Society der damaligen Zeit nahm das Angebot mit Begeisterung an. Das Sehen und Gesehenwerden auf der Kurpromenade an der Lahn gehörte bald zum guten Ton und verschaffte Bad Ems den Titel Weltbad. Da durfte keiner fehlen: weder der französische Botschafter noch die russischen Zaren oder der deutsche Kaiser.

ENTSPANNUNGSPOLITIK Wenn sich die Mächtigen der damaligen Zeit zwischen Kur und Kultur auf der Straße trafen, waren sie sich nicht immer gut gesinnt, hatten Neid und Missgunst, Geltungsbedürfnis, Größenwahn und Leichtsinn im Gepäck. Da ist es wenig erstaunlich, dass Bad Ems in den Geschichtsbüchern gleich mehrfach erwähnt wird: Die berühmte Emser Depesche gilt vielerorts als Auslöser des Deutsch-Französischen Krieges von 1870/71. Der französische Botschafter hatte König Wilhelm auf der Kurpromenade direkt angesprochen und verlangt, dass die Hohenzollern für alle Zeiten auf den spanischen Thron verzichten, und damit den offiziellen Weg über Berlin provokant umgangen. Der Ausgang dieses Krieges ermöglichte die Bildung des Deutschen Reiches, zementierte aber auch die Erbfeindschaft zwischen Deutschland und Frankreich. Diese wiederum ermöglichte die beiden Weltkriege des 20. Jahrhunderts. Auch das russisch-ukrainische Verhältnis hat mit dem Kurort zu tun: Zar Alexander II unterschrieb im Haus der vier Türme den Emser Erlass: Darin verbot er Publikationen

Vom oberen Wagen der Malbergbahn ist fast nur noch das Gerippe übrig.

und Aufführungen in ukrainischer Sprache. Damit begründete er eine Politik, deren Auswirkungen wir gerade ganz aktuell erleben.

MALBERGBAHN Die Zänkereien der prominenten Kurgäste führten in den Kriegsjahren zu einem Rückgang der Besucherzahlen. Das musste kompensiert werden. Neue Attraktionen sollten neue Gäste anlocken. Ein Projekt aus jener Zeit war das Hotel auf dem Hohen Malberg mit fantastischer Sicht über das Lahntal und direkter Anbindung an die Stadt. Als die Malbergbahn mit umweltfreundlichem Wasserantrieb am 5. Juni 1887 in Betrieb genommen wurde, galt sie als Wunder deutscher Ingenieurskunst. Am schnellsten! Am längsten! Die höchsten G-Kräfte! Rekorde sollen heute Fahrgäste bei Achterbahnen anlocken. Das war auch damals schon ein wichtiger Werbefaktor: Die Malbergbahn überwand das steilste Gefälle aller Standseilbahnen im ganzen Land!

EIN WUNDERWERK TECHNISCHER EINFACHHEIT Während wir heute oft aufwendige und ausgeklügelte Ideen feiern, begeisterte die Malbergbahn mit einer einfachen, aber genialen Konstruktion: Oben auf dem Berg wurde ein künstlicher Weiher angelegt, in den Wasser aus der Lahn heraufgepumpt wurde. Es diente als Reservoir für den Antrieb: War ein Waggon oben an der Bergstation, wurde er mit Wasser beladen. Sobald sein Gewicht die Schwere des mit einem Stahlseil verbundenen Waggons in der Talstation übertraf, tat die Schwerkraft ihr Übriges und zog den anderen in die Höhe. Eine einfache Bremse sorgte dafür, dass nichts passieren konnte. Während ihrer 92-jährigen Betriebsdauer beförderte die Malbergbahn mehrere hunderttausend Fahrgäste, ohne einen einzigen Unfall gehabt zu haben.

BIS DASS DER TÜV UNS SCHEIDET Neben dem Hotel, das gleichzeitig als Bergstation diente, wurden auf dem Hohen Malberg ein kleiner Tierpark, ein Café und ein Aussichtsturm errichtet. Daher benutzten nicht nur Hotelgäste den bequemen Aufzug mit der Bahn, sondern auch Tagesausflügler, Wanderer und Familien. Doch 1979 stellten die Prüfer des Technischen Überwachungsvereins Rheinland altersbedingte Mängel fest und schrieb der Stadt als Betreiber einige Auflagen vor. Bad Ems konnte oder wollte die Mittel für den Weiterbetrieb nicht aufbringen. Auf der gegenüberliegenden Flussseite war im gleichen Jahr die moderne, elektrisch betriebene Kurwaldbahn in Betrieb gegangen. Da sich der Besucherstrom nun auf den gegenüberliegenden Hügel verlagerte, konnten Gastronomie und Hotellerie auf dem Malberg nicht mehr rentabel arbeiten und mussten ebenfalls schließen.

NOSTALGIEVEREIN Doch die Malbergbahn hatte nach wie vor viele Freunde. 1981 wurde sie zum Industriedenkmal erklärt und im folgenden Jahr ein Förderverein gegründet. Dieser versucht seit mehr als 40 Jahren, Verfall und Vandalismus Einhalt zu gebieten. Im langwierigen Kampf um die Erhaltung und Sanierung der nostalgischen Standseilbahn sind erste Teilerfolge zu verzeichnen: Während die Talstation unten in Bad Ems schon gerettet ist, hofft die Bergstation noch auf eine neue Zukunft. Dort oben befremdet den Besucher besonders das Schicksal des alten Waggons. Zerstört, ohne Dach und mit einem dicken Ast obendrauf hängt er wie das Gerippe seiner selbst am Ende des Zugseils. Zum Glück nehmen nicht mehr so viele Neugierige den 30-minütigen Fußmarsch durch den Wald auf sich, um die baufällige Bergstation zu besichtigen. Denn der Vandalismus hat den größten Teil der Zerstörung verursacht.

Das besondere Erlebnis

In der sanierten Talstation ist mittlerweile ein Café eingezogen. Es trägt den Namen Eckstein – in Erinnerung an die Gründerin des Fördervereins. Falls die Malbergbahn irgendwann in einer nahen oder fernen Zukunft wieder Gäste transportieren sollte, ist das ihr Verdienst. Als besonderen Clou des gastronomischen Betriebes hat man die Möglichkeit, den sanierten Waggon an der Talstation für Feierlichkeiten zu mieten.

Mehrere Becken speicherten Wasser, das für den Betrieb der Bahn nötig war.

Die Abdeckerei versteckt sich in einem leicht zu übersehenden Seitental am Rande der Gemarkung Altenglan.

16

EHRLOS

Abdeckerei, Altenglan

Ein Thema, das uns alle angeht und doch so gerne verschwiegen wird. Die Abdecker galten über lange Zeit als unehrlich, mussten ein Leben außerhalb der Gesellschaft fristen.

Abdeckerei Altenglan Friedelhauser Straße weit außerhalb des Ortes, 66885 Altenglan **GPS** 49.549897214802485, 7.487208998541584 **Anfahrt** Auto: A62 bis Ausfahrt Altenglan, B423 bis Altenglan, Schilder nach Friedelhausen folgen, Am Kalschbach parken; ÖPNV: RB 67 bis Altenglan, dann 30 Min. zu Fuß

Blutrote Färbung an den Silos.
Doch es ist Korrosionsschutz.

VOLKSGESUNDHEIT Die Kadaver verendeter Tiere können Seuchen auslösen, stinken zum Erbarmen und sind schrecklich eklig. Jemand muss sie wegräumen. Das war früher so und ist heute nicht anders. Zuständig war früher der Abdecker, Schinder oder Wasenmeister – alles Namen für den gleichen unehrlichen Beruf –, wobei unehrlich unehrenhaft bedeutete. Als ob er aussätzig wäre, musste der Schinder außerhalb seiner Stadt oder seines Dorfes wohnen, durfte nicht am gesellschaftlichen Leben teilnehmen und konnte nur seinesgleichen heiraten. Doch gerade wegen dieser Arbeit hatten die Schinder ein tiefgreifendes Wissen über Anatomie, Krankheiten und Heilungsmöglichkeiten. Ihren Rat als Naturheiler für Tier und Mensch holte man trotzdem lieber heimlich ein.

RINDERWAHN Tierkadaver wurden und werden natürlich nicht einfach entsorgt, sondern, so gut es geht, verwertet. Häute werden zu Leder verarbeitet, Fette zu Biodiesel, Fleischmehle zu Dünger, Knochen zu Mehl für Tierfutter. Letzteres sah so mancher naturnahe Landwirt schon immer kritisch: »Eine Kuh ist Pflanzenfresser und kein Kannibale.« Als die Briten in den 70er Jahren die Verwertung von Rindfleisch bei niedrigen Temperaturen zuließen und die Erreger von BSE nicht mehr abgetötet wurden, nahm die Krankheit sprunghaft zu.

SCHINDGRUBEN Zurück in den letzten Jahren des 19. Jahrhunderts war man noch nicht zu dieser Praxis der Tiermehlverarbeitung übergegangen. Die Schinder des knapp

20 Kilometer von Altenglan entfernten Ostertals begruben – wie damals üblich – die Tierknochen zusammen mit anderen, nicht verwertbaren Überresten in großen Gruben mit einem Deckel darauf. Nachdem das Loch gefüllt war, schüttete er es mit Erde zu und ließ erst mal Gras darüber wachsen. So erklärt sich zum Beispiel der Flurname Schinderwiese. Doch im Ostertal herrschte große Armut. Am 6. Juli 1887 berichtete der Kuseler Anzeiger von einem Toten, der in die Schindgrube eingebrochen war. Er war an den stickstoffhaltigen Verwesungsdämpfen erstickt. Als Grund des Einbruchs vermutete man, die Hoffnung des Einbrechers noch ein Stückchen Fleisch an den Knochen zu finden. Wegen des Hungers soll das nicht selten geschehen sein.

ZENTRALE ABDECKEREI Im Jahr 1914 gingen alle Gemeinden des Kuseler Landkreises Verträge mit Abdeckereien ein. Eine davon war aus Altenglan. Und wenn man die Lage unseres Lost Place in dem kleinen, leicht zu übersehenden Kalschbachtal genau auf der Banngrenze zu Friedelhausen betrachtet, wäre es nicht verwunderlich, wenn sie sich schon damals an dieser Stelle befunden hätte. Doch die öffentlichen Analen schweigen zum Thema, listen alle Handwerker und Familien der letzten Jahrhunderte auf, berichten von der Bergbauvergangenheit, den Quecksilber- und Kalkgruben an Hinzelberg und Potzberg.
Doch ganz in der jahrhundertealten Tradition hat der Tierkadaverentsorgungsbetrieb keine Erwähnung gefunden.

↓ Der Schornstein verbreitete den süßlichen Geruch im ganzen Tal.
↘ Alte Schlauchschellen am Silo. Wozu?

Wer sorgt für die Videoüberwachung der alten Abdeckerei?

VORSICHT VOR DER KAMERA Und trotzdem stehen da die alten Gebäude im engen dunklen Tal. Seit 1986 wird dort nicht mehr gearbeitet. Anfänglich soll auch alles offen gestanden haben und jeder konnte sich die Sache neugierig anschauen. Doch mittlerweile sind die Gebäude gesichert, zerbrochene Fenster zugemauert, mit Kameras ausgestattet und teilweise sogar umzäunt. Ebenso scheint sich jemand um das Grundstück zu kümmern: Das Gras steht nicht besonders hoch und von Verwucherung kann keine Rede sein. Reingehen soll man also nicht. Doch wo ist der Besitzer? Eine Männerrunde im nahen Friedelhausen beantwortet die Frage nur mit einem Schulterzucken. Der ein oder andere überlegt: »Die sind alle schon lange verstorben, die da gearbeitet haben. Nein, einer lebt noch. Aber der ist krank. Der sagt Ihnen nichts mehr.« Kollektives Schweigen. Nur an eins können sie sich noch alle erinnern: Als sie noch Kinder waren, hing dauernd so ein unangenehm süßlicher Blutgeruch im Tal und über dem Dorf. Das war immer dann, wenn die in der Abdeckerei wieder gekocht haben.

Das besondere Erlebnis

Der Potzberg im Süden von Friedelhausen ist ein altes Bergbaugebiet. Auf den Wanderungen vom Gipfel aus wollen die Spuren des Quecksilberabbaus entdeckt werden. Rundumsicht vom 562 Meter hohen Berg bietet der Moserturm und Tierliebhaber sind begeistert vom Wildpark mit seiner Greifvogelshow.

17

ÜBERSCHÄTZT

Viktoriastift, Finkenbach-Gersweiler

Wie Seifenblasen wuchsen und platzten die Imperien von Philipp Holzmann, Anton Schlecker, Leo Kirch oder eben Heinrich Lieser, dem Waisenkind aus dem Nordpfälzer Land.

Ehemaliges Viktoriastift 67822 Finkenbach-Gersweiler, Hauptstraße
GPS 49.685762, 7.747603 **Anfahrt** Auto: B48 bis Dielkirchen, weiter L385; ÖPNV: RB65 nach Rockenhausen, Bus 4922 zum Ziel

Das herrschaftliche Anwesen wirkt in der bäuerlichen Landschaft Finkenbach-Gersweilers auch heute noch völlig deplatziert.

DAS WAISENKIND VOM LANDE Auf dem Bauernhof von Friedrich Schmitt im 360-Seelenort Finkenbach fand der junge Heinrich ein neues Zuhause. Nach dem Tod des Vaters konnte seine Mutter das Kind kaum noch durchbringen. Verwunderlich, dass er dann mit 17 zu einem Kirchheim-Bollandener Eisenwarenhändler in die Lehre gehen durfte und nicht weiter in der Landwirtschaft helfen musste. Offenbar stellte sich der Junge recht geschickt an: Nach der Lehre ergatterte er eine Beschäftigung in Ludwigshafen – wieder in einem Eisenwarenladen, einem jüdischen noch dazu. Das sollte ihm später noch Schwierigkeiten bereiten. Statt vor Verdun im Schützengraben zu liegen, verkaufte Lieser während der Kriegsjahre von 1914–1918 auch während der Kriegszeit Schrauben und Nägel.

INFLATIONS-GEWINNER Maria Adam aus Viernheim stammte aus einer recht vermögenden Familie, die dazu noch gut in das soziale Leben eingebunden war. Heute würde man sagen »gut vernetzt«. Nach der Heirat mit ihr eröffnete Heinrich sein eigenes Geschäft in Mannheim und gewann die BASF als Hauptkunde für seine Eisenwaren. Und während die Inflation im Jahre 1923 viele Vermögen vernichtete und die junge Demokratie in Hunger und Armut stürzte, wurde aus dem Jungen vom Land ein vermögender Mann aus der Stadt. Im Jahre 1924 kaufte er in seinem Heimatort 120 Tagwerk Land. Das waren vermutlich um die 360.000 qm – das Flächenmaß war nicht genau definiert. Vom bekannten Kirchenarchitekten August Greifzu ließ er sich dort ein schlossähnliches Hofgut im neubarocken Stil erbauen. Dazu präsentierte sich Lieser als großer Gönner. Er wollte zeigen, dass aus dem kleinen Waisenjungen ein vermögender Mann geworden war. Wollte er als Vorbild fungieren, dankbar sein oder trat er einfach nur großspurig auf? Den Finkenbachern spendierte er eine neue Kirchenorgel, baute eine Turnhalle, half bei der Finanzierung des Kriegerdenkmals und stattete die Schule mit Ofen und Kinoprojektor aus.

GEFÄNGNIS Wie bald herauskam, waren es nicht nur gute Beziehungen und die zuverlässige Lieferung der bestellten Waren, dass Hauptkunde BASF so viele Waren bei Lieser kaufte: Zwei Jahre Gefängnis brachte ihm die Bestechung der Einkäufer des Chemiewerkes ein. Seinen Feinden reichte das nicht. Sie ließen ihn gleich darauf noch einmal verhaften und inhaftieren. Dieses Mal hieß der Vorwurf betrügerischer Konkurs. Als er sich als unschuldig entpuppte, wurde Lieser zwar auf freien Fuß gesetzt, doch die finanzielle Reputation war dahin: Die Banken verlangten die meist ohne Sicherheiten gegebenen Kredite zurück. 300.000 Reichsmark hört sich gar nicht so viel an. Doch man kann davon ausgehen, dass es sich umgerechnet um einen zweistelligen Millionenbetrag in Euro handelte. Eine genau Umrechnung ist heute nur sehr schwer möglich, doch hätte er schon sehr viele Schrauben verkaufen müssen, um seine Gläubiger zu bezahlen.

ÜBERFALL Das Liesersche Hofgut wurde im Jahr 1926 an die Bad Kreuznacher Kinderheilanstalten des Viktoriastiftes verkauft, dessen Namen es noch heute trägt. Die Turnhalle übernahm die Gemeinde und Heinrich durfte mit seiner Frau in einem Häuschen am Rande des Grundstückes wohnen bleiben und weiterhin ein kleines Geschäft betreiben. Mit dem Antisemitismus, der bald aufkam, konnte er wenig anfangen, hatte er doch selbst lange in einem jüdischen Geschäft gelebt und gearbeitet. Deshalb machte er sich über Hitlers Reden nur lustig und erklärte die Nazis für geisteskrank. Eine Anekdote erzählt, wie er mit seinem Volksempfänger im Dorf auf der Brücke stand und die Reden des Führers lautstark abschätzig kommentierte. Das brachte ihm zwei Überfälle von den SA-Leuten der umliegenden Dörfer ein, weshalb Lieser wieder in Haft musste – Schutzhaft wohlgemerkt! Danach verließ er Finkenbach, um in Frankfurt zu arbeiten, wo er ein zweites Mal heiratete und es wohl auch wieder zu einem gewissen Wohlstand brachte.

Schon das Verwaltungsgebäude an der Seite imponiert mit klassischen Stilelementen.

Natürlich möchte die Touristeninformation das Viktoriastift vermarkten. Doch bisher sind alle Sanierungspläne verworfen worden.

VIKTORIASTIFT Das ehemalige Hofgut in Finkenbach wurde unter der Leitung des Viktoriastiftes zu einer Kinderheilanstalt mit 85 Betten umgebaut. Entgegen anderen Erfahrungen scheint es dort recht munter zugegangen zu sein. Unter ärztlicher Leitung, mit ausgebildeten Erzieherinnen und Pädagogen muss das Ferienheim für die damalige Zeit eine sehr fortschrittliche Einrichtung gewesen sein. Das Landgut gab so viel Ernte, Fleisch, Eier und Milch ab, dass es das Stammhaus in Bad Dürkheim mitversorgte. Die Kinder plantschten während der Aufenthalte im Pool oder machten Exkursionen. Doch der nächste Krieg machte alles dahin: Ab 1943 kamen alte, gebrechliche Menschen im Alter zwischen 70 und 80 Jahren. Die meisten stammten aus dem zerbombten Saarbrücken – ohne Hab und Gut und oft nur in Decken gehüllt. Mehr Siechenhaus als Altersheim standen den Greisen gerade mal zwei Schwestern zur Pflege an der Seite. Es bestand bis zum Jahre 1972. Zu groß war der Investitionsstau geworden. Seither bröckelt das barocke Hofgut hinter seinem Zaun vor sich hin. Wer heute vor dem Tor anhält, um einen Blick über den Zaun zu werfen, staunt erst einmal über das barocke Ensemble, das an dieser Stelle völlig deplatziert wirkt. Der landwirtschaftliche Teil scheint auch heute noch genutzt zu werden, während das höher gelegene, schlossartige Herrenhaus hinter der riesigen Veranda alles überragt. Abgesehen von den verschlossenen Fenstern und dem Betreten-verboten-Schild, scheint die Immobilie völlig intakt zu sein. Erst wenn man sich den Details widmet, fallen viele Stellen auf, die dringend renovierungsbedürftig sind.

Das besondere Erlebnis

Finkenbach nennt eine Wehrkiche aus dem 13. Jahrhundert sein Eigen. Das Gotteshaus mit seinen mehr als ein Meter dicken Mauern wurde an einer erhöhten Stelle gebaut, sodass sie leicht zu verteidigen war. Und falls der Angreifer doch bis in die Kirche kam, konnten sich die Dorfbewohner über Leitern in die höheren Etagen des Gotteshauses flüchten.

Die Papierfabrik bezog alle Energie von der Wasserkraft des Speyerbach.
Bis heute sorgt das gestaute Nass für die malerische Schönheit der verlassenen Hallen.

18

SLEEPING BEAUTY

Papierfabrik Lindenberg

Hässlich und zerfallen steht die Ruine der Papierfabrik Knoeckel, Schmidt & Cie. an der B39. Wer den Blick hinter die bröckelnde Fassade wirft, entdeckt eine schlafende Schönheit.

Ehemalige Papierfabrik Knoeckel, Schmidt & Cie. Staatsstraße 27, 67473 Lindenberg
GPS 49.370903, 8.093459 **Anfahrt** Auto: B39 bis zur Fabrik;
ÖPNV: RE1 bis Lambrecht, ca. 2 km zu Fuß

STILLSTAND Die B39 von Kaiserslautern nach Neustadt ist gewiss keine Touristikstraße. Ganz im Gegenteil schlängelt sich die Bundesstraße in vielen Kurven durch das enge Tal, das sie sich mit der Bahnlinie teilen muss. Vorbei an alten Industriebauten und dicht gedrängten Dörfern zieht sich das Tal viel zu lange, um zügig voranzukommen. Immerhin hat man in den letzten Jahren die Gemeinden ein wenig aufgehübscht. Doch es ist unübersehbar, dass die Region unter dem Strukturwandel leidet. Ende November 2019 beschrieb die Rheinpfalz die Wirtschaftszahlen als harten Schlag, der sich bei den schon so nicht rosigen Finanzen bis auf die Haushalte durchschlägt.

DER FRÜHE RUHM Dabei war alles einmal ganz anders: Möglich machte das der nur 60 Kilometer lange Speyerbach, der sich vor Lambrecht zu einer kraftvollen Energiequelle vereinigte. Mehr als 34 Mühlen und Turbinen zur Stromerzeugung reihten sich wie an einer Schnur gezogen entlang des Wasserlaufs bis hinunter an die Mündung in den Rhein. Wegen der fast unbegrenzten Verfügbarkeit von Holz und Wasser siedelten sich gleich mehrere Papierfabriken im Lambrechter Tal an. Aber auch die wasserintensive Tuchherstellung ließ sich im Jahr 1823 bei Lindenberg nieder. Zweiundzwanzig Tuchmacher gründeten gemeinsam die »Alte Maschine«, einen genossenschaftlichen Betrieb. Der Aufstellung der ersten mechanischen Spinnmaschine standen die Genossen jedoch äußerst kritisch gegenüber. Als unter ihnen Streit ausbrach, konnten die Tuchfabrikanten Kölsch & Hellmann übernehmen. Ihr Geschäft florierte, bis 1906 ein Feuer ausbrach.

NEUE MASCHINE Zurück ins Jahr 1832, als die Tuchfabrik der Genossen florierte. Nur neun Jahre nach Gründung der ersten Fabrik konnten sie expandieren und in eine zweite Fabrik investieren. Diese ging dann allerdings in den Streitereien um die Genossenschaft an die neuen Gesellschafter Theodor Knoeckel, Carl Albert Marx und Casimir

Die alten Maschinenhäuser werden immer wieder Opfer von Zerstörungswut und Vandalismus.

Wagner. Die drei neuen waren jedoch keine Tuchfabrikanten, sondern stellten die Produktion auf die Herstellung einfacher und günstiger Papiere um. Durch geschicktes und vorausschauendes Wirtschaften konnten sie bald neue Turbinen und Maschinen anschaffen. Damit wurden höherwertige Spezialpapiere produziert. In den 20ern wandelten sie ihre Gesellschaft zur AG um. Diese überstand Krieg und Machtwechsel und lieferte lange Zeit gute Profite. Hauptumsatzträger war ein fettdichtes Papier, mit dem man zum Beispiel Margarine einwickeln konnte. Umweltschützer werden mit einem weinenden Auge bemerken, dass das natürliche Material irgendwann Verpackungen aus Aluminium oder Plastik gewichen ist.

WEHMUT Natürlich wechselten die Eigentümer im Laufe der Jahre. Als Letztes gehörte die Neue Maschine zum Bad Dürkheimer Cordier Konzern. Nach Verlusten von 1.4 Millionen DM im Jahre 1994 erfolgte die Umwandlung zur GmbH und Cordier gliederte das Unternehmen wegen schlechter Marktchancen aus dem Konzern aus. Die Insolvenz und Stilllegung erfolgten im Jahr 2000. Seitdem sind die Fabrikhallen, an denen von Eigentümerseite aus offensichtlich nichts verändert wurde, dem Vandalismus preisgegeben: Die meisten Fenster sind eingeschlagen, die Türen stehen offen und wilde Horden scheinen ihrer Zerstörungswut freien Lauf gelassen zu haben. Vom langen Bürgersteig an der Bundesstraße aus ist das ganze Ausmaß der Zerstörung gut ersichtlich. Beim Gang entlang der Umzäunung macht sich daher ein flaues Gefühl in der Magengegend breit. Neben dem Firmengelände reihen sich drei Häuserreihen zwischen Bundesstraße und Speyerbach. Auf einer Bank im kleinen Garten davor sitzt ein Rentnerpaar. Interessiert beobachten sie mich mit meiner Kamera.

↓ Zerbrochene Scheiben geben den Blick in die Verwaltung frei.

↘ Auch in der Produktion waren wohl ungebetene Besucher.

Vorsicht auch außerhalb des Geländes: Auf dieser Seite bin ich um ein Haar durch ein Loch im Bürgersteig auf das Grundstück darunter gefallen.

»Kommen Sie aus dem Saargebiet?«, lautet die erste Frage. Jüngere Menschen hätten natürlich Saarland gesagt. Gerne hätte ich sie deshalb nach ihrem Alter gefragt. Doch wir unterhalten uns über das Papierwerk. Er war 50 Jahre dort beschäftigt und hat sein Leben der Firma gewidmet. Hat gute und schlechte Zeiten erlebt. Fünfhundert Kollegen hat er mal gehabt, aber die Chefs waren sich nicht einig, haben den Karren in den Dreck gefahren. Sichtlich gerührt und mit Tränen in den Augen kann er es nicht fassen, wie die Gebäude verfallen. Jemand aus Kaiserslautern hätte das Gelände für einen symbolischen Preis gekauft. Warum, weiß er nicht. Gesehen hat er ihn auch nicht. Seltsam, da er doch mein Kennzeichen beim Vorbeifahren über den Wirtschaftsweg genau notiert hat.

Das besondere Erlebnis

Die Gebäude direkt an der Bundesstraße stammen wahrscheinlich aus der Nachkriegszeit. Wie zu dieser Zeit üblich, muten sie nicht besonders ästhetisch an. Der starke Verkehr betont den tristen Eindruck, den Zerfall und Vandalismus hinterlassen haben. Wer sich jedoch die Mühe macht, den Speyerbach zu überqueren, um das Gelände vom Wald dahinter aus zu begutachten, entdeckt eine wahre Schönheit mit Industriebauten im Jugendstil, deren Rundfensterbögen – natürlich ohne Glas – sich auf der Oberfläche des angestauten Speyerbachs spiegeln. Der Straßenlärm verstummt und die Schönheit aus Natur und Wasser und altem Fabrikgebäude nimmt einen in seinen Bann.

19

LEGAL LOST PLACE

Ludendorff-Brücke, Remagen

Für den Krieg gebaut, im Krieg zerstört und in Hollywood verfilmt. Die Brückenköpfe der Remagener Eisenbahnbrücke stehen als Mahnmal am Rhein. Dahinter im Gebüsch verbirgt sich das wahre Ausmaß der Zerstörung.

Ruine der Ludendorff-Brücke, An d. Alten Rheinbrücke 11/Rheinpromenade, 53424 Remagen
GPS 50.578181, 7.244431 **Anfahrt** Auto: A61/571 bis Sinzig weiter K44/L82;
ÖPNV: RB26 bis Remagen zu Fuß am Rheinufer ca. 20 Minuten

„Für den Krieg gebaut, im Krieg zerstört, sollen die Trümmer immer mahnen" (Gedenkschrift an der Brücke)

FRIEDENSMUSEUM Das Schild mit den riesigen Lettern spannt sich dort, wo früher die Züge fuhren, vom linken bis zum rechten Brückenturm der Ludendorff-Brücke. Die Menschen auf den vorbeifahrenden Rheinschiffen sollen lesen können, welch geschichtsträchtigen Ort sie gerade passieren. Und vielleicht erreichen die riesigen, weißen Buchstaben auf schwarzem Grund auch die Menschen auf der gegenüberliegenden Rheinseite. Dort oben auf der beliebten Aussichtsplattform des schroffen Basaltfelsens Erpeler Ley bietet sich ein phänomenaler Blick auf den Rhein. Da wäre es doch richtig toll, wenn sie herüberkommen und für 5,- Euro ein Ticket zu den Ausstellungsräumen des Museums erwerben würden. Das ist in den Brückentürmen der linken Rheinseite bei Remagen untergebracht.

WAHNSINN Dazu müssten sie allerdings die Fähre nehmen, denn die Ludendorff-Brücke ist zerstört. Sie war ja auch eh nicht für den Zivilverkehr gedacht. Die Eisenbahnbrücke zwischen Erpel und Remagen hatte einzig und allein den Zweck, Soldaten, Munition und Kanonen an die Westfront nach Frankreich zu bringen. Der deutsch-französische Wahnsinn war in vollem Gang, als Kaiser Wilhelm II. im Jahre 1916 das letzte Projekt der preußischen Staatseisenbahn in Auftrag gab und der Bau begann. Ihren Namen er-

Die mächtigen Pfeiler überragen Trümmer und Gestrüpp.

hielt sie von einem der obersten Generäle des Kaiserreiches und bekannten Putschisten und Verschwörungstheoretiker der Weimarer Republik Erich Ludendorff. Seine Person dient als historisches Vorbild der Filmfigur des fanatischen General Friedrich im oscarprämierten Film »Im Westen nichts Neues«. Bis die ersten Menschen von der Rheinüberquerung Gebrauch machen konnten, war der Erste Weltkrieg vorbei: Es waren deutsche Soldaten auf dem Heimweg zu ihren Familien.

WAHNSINNIGER Mehr als 20 Jahre später freute sich das neue Regime über die fertige Eisenbahnbrücke, als es da weitermachte, wo der Kaiser scheiterte. Panzer, Soldaten und anderes Kriegsmaterial reisten über die Ludendorff-Brücke an die Westfront und was 1945 davon übrig war, auch wieder zurück. Der Rhein sollte eine natürliche Verteidigungslinie bilden. Dazu mussten die amerikanischen Truppen an der Rheinüberquerung gehindert werden. Doch das Sprengkommando hatte Materialprobleme: der falsche Sprengstoff! Und davon auch noch zu wenig. Die Trasse über den Rhein wackelte bei der Explosion ordentlich und wurde kurzzeitig aus ihren Lagern gehoben. Aber mehr auch nicht! Deutsche Wertarbeit eben! Der Führer in Berlin tobte über die Schlamperei im Zuge der Sprengung. Auch wenn der Krieg verloren war, mussten die Verantwortlichen bestraft werden. Vier Offiziere wurden im Standgericht erschossen und die Brücke fortan mit Artillerie und V2-Raketen beschossen. Sie brachten die Brücke am 7. März 1945 zum Einstürzen. Doch die Verteidigungslinie war schon lange durchbrochen. Das Kriegsende war dadurch um Wochen nach vorne verlegt und viele Menschenleben gerettet worden.

Im dichten Gebüsch versteckt sich der Aufgang zur Plattform auf der Ludendorff-Ruine

Das verschlossene Portal des Tunnels auf der rechten Rheinseite

EIN HINDERNIS Während der Auflieger über die Brückenpfeiler in sich zusammengebrochen und im Rhein verschwunden war, blieben die Brückentürme und -pfeiler intakt. Da man sich in der jungen Bundesrepublik nicht darüber im Klaren war, ob man die Rheinüberquerung wieder aufbauen sollte, räumte man die Trümmer zunächst nicht weg. Die Deutsche Bahn überlegte, wieder Züge an dieser Stelle über den Rhein zu schicken, verwarf die Pläne aber letztendlich. Dadurch dauerte es bis in die 70er, bis die Strompfeiler aus dem Rhein entfernt wurden. Sie behinderten den Schiffsverkehr. Am 7. März 1978, am 33. Jahrestag, als die Amerikaner die Brücke von Remagen erreicht hatten, verkaufte Bürgermeister Hans Peter Kürten zum ersten Mal Bruchstücke der Strompfeiler als Souvenir. Mit deren Erlös richtete er zwei Jahre später das Friedensmuseum ein. Im adretten Ambiente aus hellen Farben dokumentieren Schwarz-Weiß-Bilder und andere Sammlerstücke die letzten Kriegstage. Doch das eigentliche Mahnmal liegt hinter den Türmen des Museums: Die gesprengte Rampe, über die damals die Züge zur Brücke hinaufgefahren sind. Mächtig und schwer und trotzdem verletzlich türmen sich die Trümmer wie am Tage nach dem Zusammenbruch kreuz und quer. Der Anblick zieht bis in den Magen.

Das besondere Erlebnis

Die Ruinen der Pfeiler und Träger wirken auch wegen des schroffen Felsens auf der gegenüberliegenden Rheinseite so bedrückend. Hinter dem ebenfalls noch existierenden, aber nicht genutzten Brückenkopf verschwanden die Gleise in einem Tunnel durch den Basalt. Dort finden heute gelegentlich Veranstaltungen statt.

Kaputt geschlagen und angekokelt versteckt sich das ehemals luxuriöse Lehrererholungsheim hinter einer dichten Vegetation.

20

BEIM DEUTSCHEN MICHEL

Das Lehrer-Erholungsheim, Stromberg

Im Luftkurort Stromberg suchten die Pädagogen der wilden 20er Jahre Erholung und Ruhe vor der aufsässigen Schülerschar.

Ehemaliges Lehrer-Erholungsheim, Von-Gauvain-Straße 7, 55442 Stromberg
GPS 49.942930, 7.767572 **Anfahrt** Auto: A61 nach Stromberg, Richtung Panoramabad halten, Hinter Haus Obentraut rechts.

WILLKOMMEN Noch keine 10 Kilometer südwestlich vom Binger Rheinknie liegt der Luftkurort Stromberg. Hier war früher der Deutsche Michel zu Hause. Das geflügelte Wort begegnet einem immer wieder – vor allem, wenn es um das Rollenverhalten Deutschlands und der Deutschen geht. Doch wer weiß noch, was es damit auf sich hat? War er wirklich so eine Dumpfbacke, wie er heute oft dargestellt wird? Wenn das einer wissen kann, dann mit Sicherheit die Lehrer. Denn zweifellos wählte der Rheinische Provinzial-Lehrerverband e. V. mit Sitz in Köln nicht ohne Grund die Stadt Stromberg für den Bau eines Erholungsheimes. Der Verband war schon länger mit einer Welcome-Agentur vor Ort, um seine geplagten Mitglieder in Hotels und Pensionen unterzubringen.

PURER LUXUS Da lag es doch auf der Hand, sich zu vergrößern und in ein eigenes Haus zu investieren. Die Stromberger Stadtväter sahen dem Vorhaben sehr wohlwollend entgegen und unterstützten das Vorhaben nach Kräften. Als im Jahre 1913 der Notarvertrag geschlossen wurde, ahnte niemand, dass der Erste Weltkrieg bevorstand und sich dadurch der Bau um Jahre verzögerte. Erst nach dem Krieg im Jahre 1921 war es so weit: Die ersten 100 Gäste bezogen die 60 Zimmer und staunten über die luxuriöse Ausstattung: Schon vor der Ankunft imponierte ihnen die großzügige Parkanlage mit bester Aussicht; innen fanden sie dann Zentralheizung, Gesellschaftsräume, eine große Bibliothek und einen prächtigen Ballsaal. An den Decken des vornehm ausgestatteten Speisesaals prangten große Leuchter neben den mit Stuck verzierten Decken. Weiche Teppiche dämpften jedes Geräusch für die arg strapazierten Ohren der Gäste und die Möbel waren handgeschnitzt. Genau wie die Vertäfelung der Gaststätte »Deutsche-Michel-Stube«, wo ein großes Relief desselben über dem Kamin angebracht war. Selbstredend betrieb der Verband das Erholungsheim nicht selbst, sondern verpachtete es und erlaubte, dass nicht benötigte Kapazitäten in der Öffentlichkeit vermietet wurden.

Früher vielleicht liebevoll gepflegtes Dekopferdchen liegt das kopflose Plüschtier durchnässt im Gestrüpp.

ABGEWOHNT Wie üblich bei solch großen Häusern wurden sie im Zweiten Weltkrieg zweckentfremdet. Bis die amerikanischen und französischen Truppen eintrafen, wurde das Stromberger Hotel als Lazarett gebraucht. Und in dieser Funktion benutzte es auch Deutschland nach dem Krieg: Wo sollte man die vielen lungenkranken Soldaten sonst zur Erholung hinschicken? Da alle Bürger vor dem Gesetz und der Krankenkasse gleich sind, durften ab 1948 auch andere Bundesbürger zur Lungenheilung nach Stromberg. So dauerte es bis 1953, bis der Lehrerverband als rechtmäßiger Besitzer sein Luxushotel zurückbekam. Im neuerlichen Hotelbetrieb konnte er jedoch nicht an die goldenen Zeiten der 20er und 30er Jahre anknüpfen. Als Lazarett und Soldatenunterkunft hatten Zimmer und Einrichtung stark gelitten. Der frühere Luxus war verblasst und abgewohnt. Zudem war der Verband knapp bei Kasse und konnte sich die Renovierung nicht leisten. Ein finanzkräftiger Käufer musste her.

Ob die Waschmaschine durch eines der zerbrochenen Fenster flog?

KURBETRIEB Endlich wurde das Lehrer-Erholungsheim zum Kurhaus, doch nicht direkt: Das Deutsche Rote Kreuz führte nach umfangreichen Renovierungsarbeiten erst einmal den Hotelbetrieb fort, konnte aber nur in der Hauptsaison gewinnbringend arbeiten. Deshalb wurde 1972 alles für den Kurbetrieb auf Kosten der Krankenkasse fit gemacht: Ein Aufzug wurde angebaut, ebenso eine Bäderabteilung mit Schwimmhalle und Sauna sowie ein Gymnastikraum. Bis 1980 florierte das Geschäft. Viele Menschen hielten sich im Stromberger Kurhaus auf, doch dann beendete die Rezession den Kurbetrieb. Bei den Krankenkassen wurde plötzlich gespart. Kuren galten als unnötig und wurden kaum noch verschrieben. Trotzdem wagte ein privater Investor den Neuanfang in den 90ern und kaufte die Immobilie. Er eröffnete das Restaurant wieder, richtete ein Schulungszentrum ein und bot mit dem Bad in Jungbier sogar ein wenig Wellness an. Doch der gewünschte Erfolg stellte sich nicht ein. Die Insolvenz kam im Jahr 2000.

VANDALEN Seither hat sich das Kurhaus in Stromberg zu einem der prominentesten Lost Places in Rheinland-Pfalz aufgeschwungen. Wobei prominent in dem Fall nur bekannt meint. Wer das Kurhaus in Stromberg besucht, muss den fünf geschossigen Bau erst einmal hinter den Bäumen finden. Das ehemals elegante Parkgrundstück ist mittlerweile vollkommen zugewachsen und verwildert. Das Kurhaus selbst ist ein Bild der Zerstörung: Überall liegen Scherben, Schrott und Müll. Die Schnitzereien sind kaputt, die Einrichtung demoliert. Und fast wie auf dem

↑ Auch wenn hier über die ein oder andere Versetzung diskutiert wurde …
↗ … das hier war sicher kein Streich eines wütenden Schülers.

Bahnhof trifft man immer Leute an: Wenn man sie nicht trifft, hört man sie irgendwo im Gebäude rumoren. Wie so oft bei leer stehenden Gebäuden brannte es dann auch irgendwann. Da eine Selbstentzündung nahezu unmöglich ist, hatte die Brandursache wohl andere Gründe. Der Schaden belief sich auf die Hunderttausende und seither ist das Kurhaus als einsturzgefährdet eingestuft. Wegen dem anhaltenden Vandalismus und dem Scherbenmeer im Eingangsbereich ist heute sowieso nur noch die Außenbesichtigung interessant.

UND WER WAR JETZT DER DEUTSCHE MICHEL? Hans Michael Elias von Obentraut kam am 2. Oktober 1574 auf der Stromburg zur Welt. Im Dreißigjährigen Krieg kämpfte er auf der Seite der kurpfälzischen Kavallerie für die protestantische Union, wo er es bis zum General brachte. Die meist aus Spanien stammenden Söldner des katholischen Heerführers Marschall Tilly fürchteten ihn dermaßen, dass sie ihn ehrfurchtsvoll Miguel Aleman nannten. Strombergs Stadtfest, das jedes Jahr an Pfingsten veranstaltet wird, ist dem Deutschen Michel gewidmet.

Das besondere Erlebnis

Nur einen guten Steinwurf vom Kurhaus entfernt, steht auf der anderen Talseite hinter Buschwerk versteckt die Felsenburg Gollenfels aus dem 10. oder 11. Jahrhundert. Die heute stark sanierungsbedürftige Festung befindet sich in Privatbesitz und war lange bewohnt. Seit 2002 gilt sie ebenfalls als baufällig und steht im Interesse der Urbex-Gemeinde.

21

LEID AUF REZEPT

Kinderferienheim Schafhof, Elmstein

Wie kann man mit etwas umgehen, das man selbst nicht begreifen kann? Sich nicht mal mehr genau an die Vorkommnisse erinnert? Die institutionelle Misshandlung von mehr als acht Millionen Kindern in der jungen Bundesrepublik wird langsam aufgearbeitet.

Ehemaliges Kinderheim, 67471 Elmstein, Ferienheimweg
GPS 49.34479, 7.92617 **Anfahrt** Auto: A6 bis Ausfahrt 17 Enkenbach-Alsenborn, B48 bis Johanniskreuz, L499 nach Elmstein; ÖPNV: S2 nach Lambrecht, Buslinie 517 nach Elmstein Schule, Rest zu Fuß

Vom Kinderheim Schafhof steht heute nur noch das Kellergeschoss.

KINDERKUR Asthma, Neurodermitis, zu dünn oder auch nur blasse Hautfarbe: Die rund 56.000 Betten in den 839 Kur-, Heil-, Genesungs- und Erholungsheimen der Bundesrepublik (Stand 1969) blieben selten leer. Denn Ärzte, Jugend- und Gesundheitsämter sorgten für ständigen Nachschub und gefüllte Kassen – notfalls mit gesunden Kindern ab zwei Jahren. Getrennt von vertrauter Umgebung und Eltern wurden sie mindestens sechs Wochen lang auf das Ärgste schikaniert, krank gemacht und traumatisiert. Man sollte meinen, dass verantwortliche Minister und Regierungspräsidenten über den Skandal ihre Posten verloren hätten, die Täter in den Einrichtungen hinter Gitter sitzen. Doch erst jetzt formieren sich Betroffene und erste Berichte tauchen in der Presse auf.

KOMM UND BLEIB lautet die Einladung auf der offiziellen Homepage Elmsteins. Gastlichkeit wird großgeschrieben in der Gemeinde mit dem größten Waldanteil der Pfalz. Aufgrund der zentralen Lage im Herzen des größten zusammenhängenden Waldgebietes Deutschlands ist das nicht wirklich ein Kunststück. Aber trotzdem ein verdammt guter Grund, mal vorbeizuschauen. Über der Hauptstraße thront eine alte Burgruine. Sie gab dem Dorf seinen Namen. Zwei Denkmalzonen und über 40 ausgewiesene Einzeldenkmäler wollen besichtigt werden. Das gut markierte Waldwegenetz führt zu 22 Naturdenkmalen. Seit 1973 lockt die Künstlerkolonie im Ortsteil Appenthal zusätzliche Besucher an. Bei einschlägigen Aufzählungen wird sie in einem Atemzug mit Worpswede und der Darmstädter Mathildenhöhe genannt. Keine Frage: Elmstein ist attraktiv. Wer es sich in der nahen Rhein-Neckar-Region leisten kann, unterhält ein Wochenendhaus auf dem Gemeindegebiet und kommt am Wochenende, natürlich mit dem Traum, ganz hier zu leben.

KUCKUCKSBÄHNEL Als 1909 die Bahnstation eröffnet wurde, kamen die ersten Touristen und entdeckten Elmstein mit seiner einzigartigen Lage. Vermutlich war Wilhelmine von Neuffer, Frau des Regierungspräsidenten Adolf Ritter von Neuffer, ebenfalls eine angetane Besucherin. Laut dem Gedenkstein am Anfang des Ferienhausweges ließ sie zwischen 1914 und 1915 das Kinderheim auf dem Schafhof errichten. Zu diesem Zwecke hat sie mit vermutlich besten Absichten den Verein Pfälzischer Ferienheime gegründet. Die Mädchen aus den Städten und Ballungszentren sollten sich nicht nur erholen, auch an Fortbildungsangebote wurde gedacht.

Die Ruine erinnert mehr an ein Gefängnis oder eine Irrenanstalt als an ein ehemaliges Kindererholungsheim.

Für die Jungs – natürlich wurden diese getrennt untergebracht – errichtete der Verein ein zweites Heim im Ortsteil Speyerbrunn. Während der NS-Zeit änderte sich alles: Erstmals wurden Säuglinge und Kleinkinder auf dem Schafhof untergebracht.

KINDERLANDVERSCHICKUNG Blonde Haare, blaue Augen, stählerne Körper: Wir kennen das Schönheitsideal der Nazis zur Genüge und wissen, dass sie nicht einfach warteten, bis ihnen die Evolution den Gefallen tat. Stattdessen halfen sie tatkräftig mit und rissen Kinder aus ihren Familien, um sie an die schönsten Orte des Reiches zu schicken: ans Meer, in die Berge oder auch in den Pfälzerwald. Während die Eltern ihre Jungen und Mädchen am Bahnhof in ein paar wundervolle Wochen verabschiedeten, wartete dort schon ein Heer erbarmungsloser Helfer, um ihnen die richtige Erziehung einzuprügeln. Denn nur Drill und Leistung zählten. Was einen nicht umbrachte, was oft genug passierte, sollte hart und schön machen. Seltsamerweise hatten nicht wenige Eltern Probleme, ihre Kinder bei der Rückkehr wiederzuerkennen. Viele kamen gebrochen, als Bettnässer, verängstigt und krank zurück.

Nach einer Inspektion im Jahr 1972 schloss das Kinderheim seine Pforten.

VERSCHICKUNG Nach dem Krieg müssen die Verbrechen an der eigenen Jugend wohl einfach vergessen worden sein. Wie wäre es sonst möglich gewesen, dass dieselben Leute innerhalb derselben Mauern weitermachten wie zuvor? Unter dem Vorwand der Gesundheit wurden die Schutzbefohlenen isoliert, schikaniert und aufs Tiefste erniedrigt. Wollten sie eine Ansichtskarte schreiben, wurde ihnen der Text diktiert. Wer versuchte, die Wahrheit zu sagen, wurde verprügelt und bestraft.

ERSTICKEN DURCH SPEISEBREIEINATMUNG Die verstreuten Berichte im Netz, bei Zeitungen und bei den Betroffeneninitiativen hören sich an wie aus dem Horrorfilm. Da ist die Rede von Nonnen, die Kinder zwangen, auf dem Steinboden kniend zu beten, weil sie nachts urinieren mussten. Ohrfeigen und Prügel gehörten zur Tagesordnung, Anschreien war der einzige Umgangston. Sogar von Medikamentenversuchen der Pharmaindustrie ist die Rede. Eine ganze Branche entstand und viele verdienten mit. Was das Kindeswohl betraf, zählte ausschließlich die Gewichtszunahme: Sie galt als Zeichen dafür, dass es den Kleinen besser ging. Deshalb musste die Verpflegung billig und kalorienreich sein. Aufessen war Pflicht – wenn nötig unter Zwang. Wer den Fraß auskotzte, wurde zusammengeschrien und musste das Erbrochene selbst aufwischen. In einem Obduktionsbericht zu einem der ungeklärten Todesfälle in den Heimen der Diakonie Niedersachsens soll der Tod durch

↑ Dicke Gitter vor den Fenstern erinnern an Bilder aus Horrorfilmen.
↗ Die verrostete Schaukel davor lässt sie lebendig werden.

mögliches »Ersticken durch Speisebreieinatmung« eingetreten sein. Der Staatsanwalt sah das anders: »Bloß ein Unfall.«

AUFLAGEN War die Aufsichtsbehörde in der Pfalz besonders kinderfreundlich oder die Zustände auf dem Schafhof so außergewöhnlich katastrophal, dass sie die Augen nicht länger verschließen konnte? Nach einer Inspektion im Ferienheim in Elmstein schrieb sie dem Betreiber so hohe Auflagen vor, dass er die entsprechenden Mittel nicht aufbringen wollte oder konnte. Das Ferienheim Schafhof und der Zweitbetrieb in Speyerbrunn schlossen am 30. September 1972 für immer die Tore. Zwar wurde das Gebäude in Elmstein bis auf das Kellergeschoss abgerissen, doch ist genug übrig, um die Grundmauern mit Grauen und Gänsehaut zu besichtigen. Die dicken Mauern mit den vergitterten Fenstern erinnern mehr an ein altes Gefängnis als an ein freundliches Kinderheim.

INITIATIVEN Wer sich weiterführend für das Thema Kindesverschickung interessiert oder betroffen ist: Nach vereinzelten Berichten in TV und Zeitungen haben sich mehrere Initiativen und Vereine gegründet. Sie teilen Erfahrungen, informieren und arbeiten das Thema auf. Auf deren Internetseiten finden sich Kontakte und weitere Links. Was genau sich hinter den Mauern des Ferienheims Schafhof abgespielt hat, werden wir vielleicht nie erfahren. Er ist jedoch auf einer der einschlägigen Seiten im Heimverzeichnis aufgeführt. Ein Kommentar bestätigt die Ereignisse. Ob weitere folgen, bleibt abzuwarten.

Das besondere Erlebnis

Während vom Mädchenferienheim in Elmstein nur noch die Grundmauern im Wald zu finden sind, steht das Gebäude der Jugendeinrichtung noch fast unversehrt am Straßenrand in Speyerbrunn.

Die Arbeiten an Adenauers Wochenendhäuschen dauerten nur ein halbes Jahr. Dann wurden die Bauarbeiten aufgrund öffentlichen Drucks eingestellt.

22

WO FUCHS UND KONRAD SICH GUTE NACHT SAGEN

Adenauers Jagdsitz, Duppach

In der Eifel sollen sich superreiche Industriebosse bei Weidmann's Heil zum Klüngeln treffen: Bei Hirsch und Huren lassen sich doch die besten Geschäfte machen.

Adenauervilla Ort: 54597 Duppach, Kammerwald
GPS 50.270197, 6.530835 **Anfahrt** PKW: Über B 410 nach Gerolstein und L24 nach Duppach, am Ende der Maifeldstraße parken, Rest zu Fuß

AUTOBAHN A1 Hügel, Wald, Felder, wellige Landschaften und noch einmal: Hügel, Wald, Felder, wellige Landschaften. Durch die Eifel kann man gefühlt ewig fahren. Die meisten Straßen sind klein und kurvig. Schnelles Fortkommen ist schier unmöglich. Die Autobahn A1, die von der Bezeichnung her die erste und beste sein sollte, führt nicht mal durchgängig hindurch, endet bei Gerolstein. Hätte Adenauer seinen Altersruhesitz bezogen, wäre das wahrscheinlich anders gewesen. Doch so dauert die Autofahrt von der nur 60 Kilometer Luftlinie entfernten ehemaligen Bundeshauptstadt Bonn sage und schreibe 90 Minuten.

DUPPACH sah seine besten Zeiten in den 50er Jahren des 20. Jahrhunderts. Damals lebten über 400 Einwohner im Dorf. Heute sind es nicht mal mehr 300. Und die haben Platz, sehr viel Platz. Aber keine Metzgerei, keine Bäckerei und keinen Supermarkt. Die Anbieter der wenigen Ferienwohnungen versprechen Landleben. Und dieses Versprechen können sie ohne das kleinste Problemchen einhalten. Rund um den Ortskern in einer kleinen Senke erstreckt sich ringsum nichts als Felder, Wald und Hügel. Und eine lange, große Besiedlungsgeschichte, die schon in der Römerzeit beginnt. Denn Duppach hat wie so einige andere Orte in der Eifel auch eine kohlensäurehaltige Mineralquelle mit viel Eisen und CO_2. Dieses Wasser muss man direkt aus der Quelle, aus dem Drees, genießen, sonst oxidiert das gelöste Eisen und man trinkt rostiges Wasser. Damit dies nicht passiert, erwartet einen an der Quelle am Ende der Maifeldstraße ein schmucker Pavillon aus Grauwacke und Basalt. Eisenhaltig erfrischt geht es nur noch zu Fuß weiter zum Lost Place.

CAMP KONRAD Denn der liegt auf einem Hügel im Duppacher Kammerwald. Wären da nicht die vielen Bäume, hätte man dort vom Gipfel mit Sicherheit eine majestätische Aussicht. Die Gedanken an Camp David, den offiziellen Erholungssitz des amerikanischen Präsidenten, lassen sich nicht verdrängen. In den Appalachen hatten die USA versucht, eine unwirtliche und öde Gegend in ein Touristengebiet zu verwandeln – mit dem Erfolg, dass später in den 40ern der Präsident einzog. Hatte man in der Eifel Ähnliches vor, als am 22. Juli 1955 der Antrag für den »Neubau eines Jagd-, Wochenend- und Gästehauses« beim Landratsamt gestellt wurde?

BAUSCHNELLE Das muss man sich einmal vorstellen: Keine zwei Wochen später erteilte das Amt die Baugenehmigung für des Kanzlers »Wochenendhäuschen» mit bescheidenen 600 Quadratmetern Wohnfläche. Es war ja auch nichts Besonderes geplant: eine grandiose Aussicht durch großzügige Panoramafenster, ein wärmender Doppelkamin, Räume für Gäste und Chauffeure. Bei der Anfahrtsituation gehörte der geplante Hubschrauberlandeplatz wohl ebenso wenig in das Reich der Mythen, wie der atombombensicher ausgebaute Keller. Es war schließlich die Zeit des Kalten Krieges. Doch das Bauprojekt wurde nie beendet. Der schnell hochgezogene Rohbau modert seit 1956 vor sich hin.

EIN FREUND, EIN GUTER FREUND soll ja bekanntlich das Schönste auf der Welt sein. Dieser Freund tat sich in der Person von Friedrich Spennrath hervor. Spennrath wurde 1927 zum Beigeordneten der Stadt Köln gewählt, wo er den damaligen Bürgermeister Konrad Adenauer kennenlernte und sich mit ihm befreundete. Von da an ging es steil bergauf. In den 50ern hatte er es zu einem der mächtigsten Industriekapitäne der BRD geschafft, begleitete X Vorstandsposten in den wichtigsten Firmen Deutschlands und saß am Ruder mehrerer Wirtschaftsverbände. Spennrath war es auch, der den Bauantrag der Adenauervilla in Duppach unterschrieben hat. Zusammen mit anderen Firmenvertretern soll er das Vorhaben vorangetrieben und maßgeblich finanziert haben.

EIN GESCHENK Angesichts eines solchen Geschenkes mag der eine oder andere ins Grübeln kommen, was Adenauer wohl im Laufe der Zeit getan haben könnte, um solche Dankbarkeit zu ernten. Wer die Geschehnisse der jungen Bundesrepublik genauer untersucht, wird feststellen, dass Spennrath und Adenauer auch in der Öffentlichkeit immer wieder zusammengearbeitet und sich gegenseitig Rückendeckung gegeben haben. So zum Beispiel bei knappen Wahlen und schwierigen Abstimmungen. War da vielleicht noch viel mehr hinter den Kulissen gelaufen, sodass die millionenteure Villa auf dem Eifelhügel nicht mehr als eine nette Geste darstellte? Oder wollte Spennrath zusammen mit anderen Managern und Industriebossen nur einen Ort schaffen, wo sie sich fern der Öffentlichkeit und in aller Ruhe politisch und wirtschaftlich austauschen konnten? Vielleicht sahen sie das Projekt einfach als eine Investition, um auch in Zukunft erfolgreich zusammenzuarbeiten. Und bei aller Political Correctness der heutigen Zeit wird sich der eine oder andere fragen: das Wirtschaftswunder, auf dem unser aller Wohlstand beruht: Ist es gebaut auf Klüngelei und Korruption? Oder ist es das Ergebnis einer vorausschauenden und effektiven Zusammenarbeit von Politik und Wirtschaft zum Wohle aller? Wer kann das schon beurteilen, ohne alle Fakten zu kennen?

»NATÜRLICH ACHTE ICH DAS RECHT. Aber auch mit dem Recht darf man nicht so pingelig sein«, soll Konrad Adenauer einmal gesagt haben. Ein Zitat, dessen sich heute kein Politiker bedienen könnte, ohne den Shitstorm der Shitstürme heraufzubeschwören. Doch auch damals kam das Projekt ans Licht und wurde vernichtend diskutiert. Der Kanzler gab sich unwissend: »Ach ein Geschenk! Welch Überraschung! Das ist aber nett. Kann ich nicht annehmen: Ich jage ja gar nicht.« Adenauer war schlau genug, seine Hände öffentlich in Unschuld zu waschen und die Affäre auszusitzen. Eine Taktik, die sich schon damals gut bewährt hat. Die Bauarbeiten wurden gestoppt und die öffentliche Kritik verstummte.

DA WAR DOCH NOCH WAS Ja genau: Hinter den Bergen bei den sieben Zwergen stand ja noch ein Rohbau mit spektakulärer Fernsicht auf dem Berg. Aber wer kam schon nach Duppach? Schnell geriet das Projekt in Vergessenheit. Die Bäume auf dem Grundstück wuchsen und der Beton bröckelte vor sich hin. Doch in den 1980ern fand sich ein Käufer für das Grundstück mitsamt seinem geschichtsträchtigen Bau. War es ein Schnäppchen, ohne Bedacht gekauft? Oder ein Spekulationsobjekt? Die Gründe für den Erwerb werden wir wohl nie erfahren, können nur notieren, dass baulich nichts verändert wurde, die Villa weiterhin vor sich hin dümpelte.

RETTUNG IN SICHT Im Jahre 2019 war Cape Konrad dann endlich bei einer Erbin gelandet. Diese war sich ihrer Verantwortung durchaus bewusst. Ein Stück Wald in einem weit entfernten Gebiet und mittendrin eine einsturzgefährdete Ruine birgen schon ein hohes Haftungspotenzial. Kann man das versichern? Eher nicht. Also schnell weg damit. Zum Glück fand sich ein Käufer. Der steigerte das Grundstück für 35.000 Euro weit über Wert. Ein Liebhaber also. Und der wollte auch tatsächlich investieren, sanieren und nach den Originalplänen wieder aufbauen.

DIE BÄUME GEWINNEN Die Baugenehmigung war zwar alt. Doch sie war vorhanden. Warum also nicht den Plan in die Tat umsetzen? Ein paar Bäume waren zwischenzeitlich auf dem Grundstück gewachsen und standen den Arbeiten im Weg. Die mussten natürlich weg. Pflichtbewusst stellte der neue Besitzer den Fällantrag. Doch das Forstamt verbot die Rodung und holte sich gleich noch Verstärkung beim Oberverwaltungsgericht. Das erklärte die Baugenehmigung kurzerhand für null und nichtig. Die Bäume haben Vorrang. So wartet die Bauruine weiter im Wald des Schweigens hinter einem Vorhang aus Blattwerk auf … – ja auf was wartet sie eigentlich? Auf Besucher jedenfalls nicht. Die Bauruine birgt eine ganze Reihe von Gefahrenstellen. Laut Berichten zeigt der Besitzer daher wenig Verständnis für das Nicht-Beachten der »Betreten verboten« Schilder.

Das besondere Erlebnis

In den USA ist *Site R* ein unterirdischer Komplex, der sich nur wenige Kilometer von Camp David entfernt befindet. Nach einem feindlichen Atomschlag hätte die U.S.-Regierung von dort unten arbeiten können, um das Land zusammenzuhalten. Auch zu dieser Einrichtung hatte die BRD ein Pendant: Der Regierungsbunker in Neuenahr-Ahrweiler ist mittlerweile als Legal Lost Place in ein Museum umfunktioniert worden und kann besichtigt werden.

↓ Das neue Duppacher Drees aus Basaltsteinen und Grauwacke.

↘ Doch die Baustelle wurde seit mehr als 60 Jahren nicht verändert.

23

DER KLÄGLICHE REST

AKW Mülheim-Kärlich

Kein Lost Place im eigentlichen Sinn: Im einzigen Atomkraftwerk von Rheinland-Pfalz gehen täglich Arbeiter ein und aus. Nach nur 13 Monaten Regelbetrieb wird es fast 30 Jahre lang zurückgebaut.

AKW Mülheim-Kärlich, Am Guten Mann, 56218 Mülheim-Kärlich
GPS 50.40927014036665, 7.488436976556535
Anfahrt Auto A1 und A48 Ausfahrt 10-Koblenz-Nord dann B9/L126; ÖPNV: RB 26 nach Bhf Mülheim-Kärlich, 30 Minuten zu Fuß

Wo früher der Kühlturm stand, befindet sich jetzt ein großer Sandkasten.

EIN TRAURIGER REST Das Satellitenbild zeigt deutlich den hellen Kreis, wo sich früher der riesige Kühlturm befand. Höher als der Kölner Dom bildete er gut 40 Jahre lang die beherrschende Landmarke im Neuwieder Becken. Am 09. August 2019 hatte er ausgedient und brach nach langwierigen Arbeiten endlich in sich zusammen. Übrig bliebt ein gigantischer Sandkasten, der sich über mehr als drei Viertel der Fläche des Geländes erstreckt. Zerfurcht von Baggern und LKWs sieht das Areal verletzt und trist aus – genau wie das um seinen Turm kastrierte Reaktorgebäude mit seiner halbrunden Kuppel. Zurückgedrängt wartet es am Rand des Terrains auf seinen Abriss. Man könnte fast Mitleid haben.

HELDIN DER ANTIATOMBEWEGUNG Sechs Jahre dauerten die Planungen des AKW Three Mile Island bei Harrisburg. Durch eine Kernschmelze in Block zwei erlangte es im März 1979 traurige Berühmtheit. Die Bauarbeiten an der technisch sehr ähnlichen Anlage in Mülheim-Kärlich waren zu dieser Zeit schon gestoppt worden, und zwar gerichtlich. Denn das AKW hatte in Person der Oberstudienrätin Helga Vowinkel eine durchaus erfolgreiche Gegnerin gefunden. Seit den ersten Planungen sammelte die Lehrerin in jeder freien Minute Unterlagen, geologische Gutachten und Schriftstücke über die Gefahren der Atomenergie im Allgemeinen und des Reaktors vor ihrer Haustür im Speziellen. Man könnte sie fast mit einer Greta Thunberg vergleichen: Sie war Gründerin der Bürgerinitiative Atomschutz Mittelrhein, führte Demonstrationen an, initiierte Aufklärungskampagnen und brachte Mülheim-Kärlich praktisch im Alleingang zu Fall.

STILLLEGUNG POSTHUM Vowinkel warf dem Staat und »der mit ihm verfilzten Energiewirtschaft« vor, die Bürger mit rechtswidrigen Methoden überfahren zu haben. Sie argumentierte, die Regierung habe den Bau des AKWs durch zu geringe Auflagen und Verstöße gegen das Atomgesetz ermöglicht. Ein erster Beweis gelang ihr 1977, als sie vor dem Koblenzer Landgericht einen Baustopp erwirkte. Natürlich blieb es dabei nicht und der Fall ging durch die gerichtlichen Instanzen. Industrie und Politik versuchten zu retten, was zu retten war, und erteilten die erforderlichen Genehmigungen einfach im Nachhinein. Mülheim-Kärlich lieferte am 1. August 1987 mit jahrelanger Verspätung zum ersten Mal kommerziellen Strom. Vowinkel erlebte diesen Tag nicht mehr: Sie war schon im Vorjahr verstorben. Doch die Klage am Bundesverwaltungsgericht in Berlin war am

Laufen. Die dortigen Richter gaben ihr auch in der höchsten Instanz Recht und legten Mülheim-Kärlich im Jahre 1988 still. Posthum erfüllte Vowinkel ihr Lebenswerk.

RÜCKBAU Seit 2002 wird das AKW nun schon zurückgebaut. Geplant ist, die Arbeiten in den 2030er Jahren abzuschließen. Das radioaktive Material ist schon lange nach Frankreich abtransportiert worden. Eine Baukranfirma hat sich auf der Rückseite des Geländes angesiedelt. Sie nutzt teilweise noch die alten Hallen der vorherigen Verwendung. Arbeiter gehen ein und aus. LKWs und Lieferdienste rasen mit sichtbar überhöhter Geschwindigkeit über die Zufahrtsstraße. Und trotzdem: Trotz der Geschäftigkeit wirkt das Gelände traurig und verlassen.

Früher wurde hier der Atomstrom des AKW eingespeist.

BESUCHERZENTRUM Halb verwaist enden die Kabel des Hochspannungsnetzes am letzten Mast vor dem Gelände. Die Verbindung auf der anderen Seite Richtung Reaktor wurde gekappt. Ein altes Siemens Telefon hängt noch außen am Gebäude, wartet auf Nachrichten, die nie mehr kommen werden. An der Vorderseite zum Rhein hin steht noch der doppelte Zaun mit den Kameras und elektronischen Detektoren. Ob die Überwachung des Sicherheitsbereiches noch funktioniert? Am wuchtigen Empfangsgebäude, einem Koloss aus Beton und Plastikverkleidungen, zeigen noch die Schilder auf den Eingang des Besucherzentrums mit seinen längst verschlossenen Türen. Mit Bussen sollten die Besucher angekarrt werden, um das Wunder der Technik zu begutachten – eine Idee, die wohl noch realisiert werden wird. Allerdings anders, als sich das die Kraftwerksplaner gedacht haben. Das Kraftwerksgelände zählt zu den Immobilienperlen am Rhein: Eine Hotelgesellschaft hat sich das Areal gesichert. Ihr Service soll den zahlenden Gästen bald ein strahlendes Lächeln aufs Gesicht zaubern. Doch bis die letzten Reste des einzigen AKW des Landes Rheinland-Pfalz verschwunden sind, wird voraussichtlich noch ein weiteres Jahrzehnt ins Land ziehen.

Das besondere Erlebnis

In direkter Nachbarschaft des Kraftwerksgeländes befindet sich die Kapelle Guter Mann mit der gleichnamigen Pietà und Rundfenstern des Trierer Malers Werner Persy. Der Name geht auf ein Siechenhaus ab dem 12. Jahrhundert zurück. Ab dem 18. Jahrhundert sollen sich Eremiten um Kranke und Reisende gekümmert haben.

Fast bemitleidenswert verschwindet die Kuppel des Reaktorgebäudes hinter den Nebengebäuden.

In den 80er und 90er Jahren gehörte das Lahnsteiner Thermalbad zu den beliebtesten Freizeitzielen der Region und darüber hinaus.

24

IDILIA DUBB, SEARCH AND RESCUE

Thermalbad, Lahnstein

Wellness gab es eigentlich Anfang der 1970er noch gar nicht. Mit der Eröffnung des Thermalbades präsentierte sich Lahnstein als Vorreiter eines Trends. Jetzt steht das Kurbad als Lost Place neben dem schicken Kurhotel.

Ehemaliges Thermalschwimmbad Lahnsteiner Höhe, Kurzentrum, 56112 Lahnstein
GPS 50.302815, 7.638962 **Anfahrt** Auto: A1, A48 bis Lahnstein über Rheinhöhenweg zum Kurzentrum; ÖPNV: Von Koblenz HbF mit RB23 nach Friedrichssegen ca. 2,5 km Fußmarsch

VERDURSTET Das Rheintal mit seinen Burgen war schon im 19. Jahrhundert gern besuchtes Reiseziel britischer Touristen. Als solche mietete sich im Jahr 1851 die Familie Dubb aus Edinburgh im legendären «Wirtshaus an der Lahn» ein. Kurz vor der Abreise, während schon alle am Packen waren, entfernte sich die 17-jährige Idilia, ohne den Eltern Bescheid zu geben, um ein Bild zu malen. Von diesem Ausflug kam sie nicht mehr zurück. Als die Familie das Fehlen der Tochter bemerkte, organisierte sie mehrere Suchen. Doch Idilia blieb unauffindbar, weshalb die Dubbs schließlich ohne Tochter nach Hause reisen mussten. Erst neun Jahre später fanden Arbeiter auf dem 20 Meter hohen Bergfried von Burg Lahneck ein menschliches Skelett. Einem neben dem Skelett gefundenen, bis zum Schluss geführten Tagebuch konnten sie die Geschehnisse entnehmen: Nachdem Idilia den Turm bestiegen hatte, brach die Holztreppe in sich zusammen. Ohne Möglichkeit den Turm zu verlassen, war sie da oben verdurstet.

INVESTITIONEN 120 Jahre später machte sich der Lahnsteiner Kaufmann Ernst Wagner so seine Gedanken, wie man die Stadt aufwerten und so das Geschäft ankurbeln könnte. Der Nachbarort Bad Ems blickte auf einen langen und mondänen Kurbetrieb zurück, musste sich seinerzeit aber auch an den Zeitgeist anpassen und ein neues Thermalbad errichten. Da könnte man doch bestimmt von der Bekanntheit des alten Kurortes profitieren und sich zumindest eine Scheibe vom Kuchen abschneiden oder den Bad Emsern gleich den Rang ablaufen! Lahnstein musste Kurort werden. Mit der seit 1961 staatlich anerkannten Heilquelle Victoria war die Grundvoraussetzung schon vorhanden. Deren Wasser sollte über eine drei

Seit dem Jahr 2006 findet hier kein Badebetrieb mehr statt.

Offenbar wurde während der Betriebsjahre zu wenig in die Erhaltung des Bades investiert.

Kilometer lange Pipeline auf die Höhe gepumpt werden. Emsig entwickelte Wagner zusammen mit dem damaligen Bürgermeister von Oberlahnstein Fritz Berlin ein passendes Konzept. Über Grundstücksverkäufe finanzierten sie den Bau eines ganzen Kurparks – samt Thermalbad, Kurhotel und -klinik. Im Jahre 1975 begrüßte das schicke Bad die ersten Gäste. Die im gleichen Jahr erteilte Anerkennung als Heilquellen-Kurbetrieb erlaubte hohe Eintrittspreise und brachte zusätzlich Gäste, deren Aufenthalt von der Krankenkasse finanziert wurde.

KURBETRIEB Doch die Rechnung ging nicht so ganz auf. Zwar wurde das Thermalbad – Dampfbad, Whirlpool, Wassertretbecken und Sauna sei Dank – schnell zu einem Publikumsliebling, doch Wagner musste noch in den ersten zehn Jahren das zugehörige 15-stöckige Hotel verkaufen. Dabei liebten es dessen Gäste, ohne ins Freie zu müssen, zwischen Hotel und Thermalbad hin und her zu wechseln. Die zwei Gebäude waren über eine Wandelhalle, in der Geschäfte ihre exklusiven Waren anboten, miteinander verbunden. Von der Wandelhalle aus hatte man auch Zugang zum Kurpark, der zwischen Hotel und Kurklinik liegt. Auf den ersten Blick eine ideale Anlage mit vielen Vorzügen. Doch aus irgendeinem Grund fanden keine Instandhaltungsarbeiten am Thermalbad statt. Nur am Konzept wurde weiter gebastelt und die Werbetrommel gerührt. Der Coup gelang dann im Jahr 1998: Stadt Lahnstein – Ortsteil Lahnstein auf der Höhe durfte mit dem Prädikat »Ort mit Heilquellen-Kurbetrieb« werben. Und während die Betreiber des Thermalbades die neue Auszeichnung feierten, fraß im Inneren der Rost an den nicht ausreichend gegen Feuchtigkeit geschützten Trägern.

SEARCH AND RESCUE Je länger die Verantwortlichen nicht gegen die Korrosion vorgingen, desto schneller breitete sie sich aus. Anfang des Jahrtausends ging es rapide bergab und schon im Jahre 2006 wurde der Publikumsbetrieb im Thermalbad eingestellt. Seither wetteifern Vandalismus und Feuchtigkeit darum, wer den größeren Schaden anrichtet. All die von langer Hand erworbenen Titel und Anerkennungen sind wieder verloren gegangen. Und obwohl Lahnstein offensichtlich keine Anstalten mehr unternahm, seinem Nachbarort Bad Ems Konkurrenz zu machen, schien auch der Abriss zu teuer zu sein. Immerhin hat die Ruine des Lahnsteiner Thermalbades im Jahre 2022 eine neue Verwendung gefunden: Die Bundesarbeitsgemeinschaft Rettungshunde- & Hundeführender Vereinigungen bildet dort jetzt Rettungshunde aus. Ihr größter Feind während der Ausbildung sind die Scherben der durch Vandalismus zerschlagenen Scheiben. Wenn sie sich nicht zu oft blutige Pfoten holen, finden sie bald Menschen in Notsituationen und retten sie. Ein Luxus, der Idilia Dubb nicht zuteilwurde.

FALSCHE TATSACHEN Idilias Geschichte erschien 1863 im Adenauer Kreis- und Wochenblatt, dem Neuen Bayerischen Volksblatt und anderen Zeitungen und löste allgemeine Bestürzung aus. Weitere Veröffentlichungen und Bearbeitungen folgten. Doch mittlerweile ist bekannt geworden, dass Öffentlichkeit und Bearbeiter einem modernen Märchen aufgesessen sind. Wir können also nebenbei registrieren, dass die Verbreitung von falschen Wahrheiten kein ganz neues Phänomen darstellt.

Das besondere Erlebnis

Die Wandelhalle zwischen Hotel und Thermalbad hat nach der Schließung des Bades ihre Bestimmung verloren. Dennoch ist sie weiterhin geöffnet und kann von jedem betreten werden, der sich die Schaufenster der Geschäfte anschauen möchte. Die Auslagen in den verwaisten Läden sehen aus, als ob ihre Besitzer nur mal kurz in die Mittagspause gehen wollten und nicht zurückgekommen sind. Hoffentlich sitzen sie nicht auf Burg Lahneck fest!

Jetzt werden in der Trümmerlandschaft Rettungshunde für die Suche nach Verschütteten ausgebildet.

25

EIN EINSAMES KIRCHLEIN

Wüstung Eckweiler

Kaiser Ferdinand I. schickte im Jahre 1561 den Postmeister Christoph von Taxis zur Poststation nach Eckweiler. Heute würde er nur noch die einsame Kirche am Rande eines Ackers vorfinden.

Wüstung Eckweiler Eckweilerstraße, 55566 Bad Sobernheim
GPS 49.851592, 7.613152 **Anfahrt** Auto: B41 bis Bad Sobernheim dann K20 Richtung Nord

... und ein einsamer Friedhof samt Einsegnungshalle: Mehr ist von der Ortsgemeinde nicht übrig geblieben.

POSTRAUB Der Hunsrück war schon lange vor Schinderhannes und Moselbande ein gefährliches Pflaster. Als 1490 mit dem Niederländischen Postkurs die erste Postlinie des Heiligen Römischen Reiches eröffnet wurde, bemerkten ihre Bewohner sicher recht schnell die regelmäßig vorbeipreschenden Postreiter mit ihren Paketen. An 23 Poststationen zwischen Mechelen und Innsbruck warteten frische Reiter und Pferde, um die wichtigen Nachrichten zu übernehmen und weiterzutransportieren. Sie waren tagsüber und nachts unterwegs, wodurch sich die Beförderungszeit drastisch reduzierte. Weil die Städte aber nachts die Tore schlossen, lagen die meisten Poststationen auf dem Lande. Als die Postreiter Mitte des 16. Jahrhunderts gleich mehrfach im Hunsrück überfallen wurden, schickte Kaiser Ferdinand I. persönlich seinen Oberpostmeister Christoph von Taxis in die Region, um die Täter zu verhaften. Er nahm die Sache persönlich, denn Post war eine teure Sache und wurde meist nur von Adligen benutzt. Von Taxis reiste gemütlich nach Speyer, Worms, Koblenz und Trier und versäumte es nicht, die Poststationen in Lieser und Eckweiler zu inspizieren. Die

Eckweiler wurde im Jahr 1341 zum ersten Mal urkundlich erwähnt.

Täter hat er wohl nicht gefunden, denn seine bis dahin erstaunlich steil verlaufende Karriere erlitt einen herben Knick. Da er bei Hofe nicht mehr so willkommen war wie zuvor, konnte er kaum noch neue Postlinien installieren und musste sich auf das Erreichte beschränken.

FLIEGERHORST Knapp 400 Jahre später rüstete Hitler mächtig auf und präsentierte dem Ausland im Jahre 1935, wie mächtig seine Luftstreitkräfte trotz des Verbotes nach dem Ersten Weltkrieg gediehen waren. Während er bis dahin heimlich auf getarnten Flugfeldern operieren musste, konnte er endlich offen auftreten und weitere Fliegerhorste errichten. Einer davon war im Hunsrück in direkter Nachbarschaft zu den Dörfern Pferdsfeld, Eckweiler und Rehbach. Letzteres lag genau in der Einflugschneise. Als nach dem Krieg die Air Force einzog, erhöhte sich der Flugbetrieb massiv. Um größeren Flugzeugen Starts und Landungen zu ermöglichen, brauchte man zudem eine längere Landebahn. Auf nunmehr 3000 Meter gewachsen, war sie im Jahre 1957 gefährlich nah an Rehweiler herangerückt. Die kanadische Flugstaffel vor Ort weigerte sich daher, weiterhin am Flugbetrieb teilzunehmen. Die Gefahr eines Absturzes auf Rehweiler sei viel zu groß und außerdem sei der Lärm für die Anwohner nicht zumutbar.

ÜBERVORSICHTIG Die Amerikaner waren der gleichen Meinung: Sie stellten den Flugbetrieb ein und gaben den Flughafen an die Bundesrepublik zurück. Doch für Regierung und Bundeswehr waren die Bedenken der Amerikaner und Kanadier noch lange kein Grund, ebenfalls nicht zu starten. Das Jagd-

Doch die Dorfgründung muss wohl schon um das Jahr 800 erfolgt sein.

Die 350 Bewohner mussten wegen des Fluglärms umziehen und ihre Heimat aufgeben.

geschwader 73 wurde von Oldenburg zum Flughafen Pferdsfeld verlegt und im Kalten Krieg verstärkten Fliegerstaffeln aus Griechenland, Italien, Frankreich, Großbritannien und der Türkei die deutschen Flieger. Und wer jetzt vielleicht auf die Idee kommt, dass Kanadier und Amerikaner übervorsichtig gehandelt haben, irrt gewaltig: Zwei Flugzwischenfälle in den Jahren 1966 und 1976 endeten nur aus Glück nicht in einem brennenden Kerosininferno.

AUFGESCHRECKT Jetzt erst reagierte die Regierung und siedelte die Bewohner der drei umliegenden Dörfer Eckweiler, Rehweiler und Pferdsfeld um. Doch es dauerte noch zwei Jahre, bis das für die Bewohner der drei Dörfer vorgesehene Neubaugebiet im 15 Kilometer entfernten Bad Sobernheim erschlossen wurde. Von den eingeebneten Dörfern stehen heute nur noch die Friedhöfe, einige Mauern am Straßenrand und die unter Denkmalschutz stehende Heilig-Kreuz-Kirche allein auf weiter Flur.

Das besondere Erlebnis

Nur ein paar Hundert Meter hinter dem westlichen Ende der Landebahn von Flughafen Pferdsfeld liegt die Schinderhanneshöhle im Wald versteckt. Der Stollen führt mit tiefer Decke, Kopfeinziehen!, und matschigem Boden, feste Schuhe!, ca. 12 Meter tief in den Berg hinein. Wegen der L-Form wird es am Ende ziemlich dunkel. Dort soll der Räuber einen Teil seiner Beute versteckt gehabt haben.

Der Bunkereingang liegt etwas zurückgesetzt am Rande eines Wohngebietes.

26

UNTER DEM BÄRENLOCH

Kindsbach Underground Facility

Sommer, Sonne, Badespaß: Der Geruch von Sonnencreme und Pommes lag in der Luft, gebräunte Körper auf den Badematten. Darunter, tief im Berg, hörten seit 1954 die Soldaten, Analysten und Kommunikationsexperten den Luftraum Westeuropas ab, bereit die Düsenjets zu starten.

Kindsbach Cave, Am Wingertshübel, 66862 Kindsbach
GPS 49.41538,7.61810 **Anfahrt** Mit der Bahn nach Kindsbach (RB70, RB71) oder mit dem Auto über die A 6, Ausfahrt Landstuhl

DAS BÄRENLOCH Der Zweieinhalbtausend-Einwohner-Ort Kindsbach liegt kurz vor Kaiserslautern am südlichen Rand «des Landstuhler Bruch», einer 20 Kilometer langen Ebene. Wanderwege führen in die ersten Ausläufer des Pfälzerwaldes. Der Kindsbacher Berg misst 407 Meter über N. N. In einer Mulde seiner westlichen Flanke wurde 1874 ein Fisch- und Badeweiher gestaut. Mit seinem Gaststättenbetrieb, dem abgesteckten Nichtschwimmerbereich und den Spielplätzen gehört er zu den beliebten Badezielen rund um Kaiserslautern.

MAL WIEDER DER WESTWALL Wenige Meter nach der Zufahrtsstraße zum Bärenloch ist in den letzten Jahren ein Block schicker Reihenhäuser entstanden. Familien grillen in ihren Vorgärten. Die Kinder fragen neugierig, wer man ist und was man hier sucht. In den Einfahrten stehen auch viele Autos mit amerikanischen Kennzeichen. Eine typische Wohngegend. Doch eine Einfahrt ist mit einer langen Ankerkette versperrt. Statt zu einem Eigenheim führt sie zu einem grün gestrichenen Tor im Berg dahinter. Obwohl ganz offen sichtbar, denkt man sich nicht viel dabei. Eine Garage oder ein kleines Lager im Berg vielleicht? Wer macht sich schon die Mühe darüber nachzudenken, was sich dahinter verbirgt? Militärische Anlagen sind in der Region überall verteilt und gehören zum Alltag. Doch als bekannt wurde, was sich seit dem Jahr 1954 hier im Berg abgespielt hatte, waren selbst die Anwohner überrascht. Dabei waren die Anfänge bekannt gewesen. Nazideutschland hatte im Zuge des Westwallbaus einen Sandsteinbruch konfisziert und von einer auswärtigen - Berliner - Firma einen Korps-Gefechtsstand in den Berg treiben lassen. Nach kurzer Nutzung durch die Wehrmacht zog nach dem Krieg das französische Militär ein. Die Franzosen hatten keine Verwendung für die 3700 Quadratmeter große

In Kindsbach liefen die Daten der über ganz Europa verteilten Radaranlagen zusammen.

Anlage, beschlossen die Gänge dichtzumachen. Die Sprengladungen waren schon installiert und fast wäre der Bunker zerstört worden, doch die Amerikanische Luftwaffe meldete ihr Interesse an. Im nahen Ramstein entstand auf einem unbrauchbaren Stück Autobahn der bekannte Stützpunkt der US Air Force: ein Stück Amerika ganz nah vor dem Eisernen Vorhang. Kampfjets brauchten nur sieben Minuten zum Erreichen der anderen Seite. Da lag es nahe, Befehlsgewalt, Strategie und Kommunikation auszulagern. Am 15. August begann das Combat Operation Center seine Arbeit im Berg.

SPUTNIKSCHOCK Als die Sowjetunion am 4. Oktober 1957 den ersten Erdtrabanten Sputnik 1 in den Weltraum schoss, begriff die westliche Gesellschaft auf einen Schlag, wie klein die Erde geworden war, begriff, dass feindliche Mächte nicht mehr mit Schiffen und Flugzeugen die Ozeane überbrücken mussten. Ab diesem Herbsttag war es möglich, jeden Punkt der Erde mit Interkontinentalraketen zu attackieren. Ein Frühwarnsystem für Nordamerika musste her. In der Pfalz hatte man schon Erfahrungen gesammelt, die möglicherweise hilfreich waren, als 1958 das North American Aerospace Defense Command (NORAD) zur Überwachung des nordamerikanischen Luftraums und des Weltraums entstand. Bekannt wurde es später durch die alljährliche Verfolgung des Weihnachtsmannes bei seinem Weg um die Erde, aber auch aus Filmen wie *Wargames, Stargate* oder *White House Down*. Viele Bilder, die uns von der großen Bunkeranlage im 2915 Meter hohen Cheyenne Mountain (Colorado, USA) erreicht haben, ähneln alten Fotos aus Kindsbach Cave.

WIE IM FILM Anfang der 70er Jahre beobachteten 84 Radaranlagen den Luftraum Westeuropas. Von Norwegen bis zur Südtürkei hatte man einen Wall mit Sensoren errichtet, um die Luftbewegungen bis fast nach Moskau zu beobachten. Was heute eine Selbstverständlichkeit ist, war damals eine Ungeheuerlichkeit, die vielen Menschen Angst und Sorge bereitete. Die gesammelten Daten wurden nach Kindsbach in die Höhle geschickt und dort automatisch kombiniert: Ein Projektor warf Karte samt Luftkräfte auf eine große Leinwand. Die eigenen Flugzeuge wurden in Grün, die anderen in Rot dargestellt. Das Lagezentrum des Combat Operation Center (europäisches Luftschlachtzentrum – später Luftverteidigungszentrum) war in einem drei Stockwerke hohen Raum untergebracht. Dort saßen die Analysten an ihren Schaltpulten, Computern und Telefonen. Sie verfolgten die aktuelle Lage am Himmel auf der großen Leinwand. Dahinter war das Zentrum für den Zivilschutz und die Luftverteidigung untergebracht. Logenartig

Enge Gänge und große Konferenzräume wechseln in schöner Regelmäßigkeit ab.

Die Dimensionen der sanitären Einrichtungen verdeutlichen, wie viele Menschen im Berg gearbeitet haben.

darüber und mit Glasscheiben abgeschirmt erarbeiteten Angriffsexperten die Gegenmaßnahmen. Den Überblick über all dies behielt der Kommandant von seinem verglasten Büro hoch oben in der zweiten Loge. Mit Blick auf die große Leinwand stand er in direkten Kontakt mit allen Abteilungen. Der arme Kerl war nicht zu beneiden: Unabkömmlich wie er war, durfte er seinen Posten selbst für die Notdurft nicht verlassen. Sein Urinal befindet sich heute noch im hinteren Teil des Büros, eingebaut in einen Schrank.

Das besondere Erlebnis

Die Kindsbach Underground Facility war Mitte der 80er Jahre technisch überholt und zu klein geworden. Deshalb wurde das Kommandozentrum nach Ruppertsweiler (Nähe Pirmasens) verlegt. In Kindsbach verblieb nur noch eine Notbesetzung. Nach dem Ende der Sowjetunion erhielt der Erbe des Sandsteinbruches als rechtmäßiger Eigentümer sein Grundstück im Jahre 1993 zurück. Unversehens war er Eigentümer der kompletten Bunkeranlage geworden. Zwar fehlte das Mobiliar, doch die fest eingebauten Installationen waren im Wesentlichen unverändert. Sie kann nach Terminabsprache mit dem Eigentümer kostenpflichtig besichtigt werden. Kontakt ist Herr Wolfgang Würmell, E-Mail: wwuermell@t-online.de, Tel. +49 (0) 63 71 / 177 92, Mobil: +49 (0) 17 2 / 937 54 10. Achtung: Adresse führt zum verschlossenen Eingangstor! Vereinbaren Sie vor der Besichtigung unbedingt einen Termin mit dem Eigentümer!

27

DER ATOMARE GEGENSCHLAG

area 1, Ludwigswinkel

Wälder und Hügel weiter als das Auge reicht. Zwei Badeweiher mit den dazugehörigen Campingplätzen. Wenige Restaurants. Das Aufregendste ist wohl die Bewältigung der 18-Loch-Minigolfbahn. Direkt daneben lagerten im Wald versteckt die Waffen und Raketen für den atomaren Holocaust.

Area 1, Ludwigswinkel, Landkreis Südwestpfalz Ort: 66996 Ludwigswinkel bei Fischbach im Dahner Felsenland
GPS 49.067106, 7.667211, **Anfahrt** Auto: A8 / B10 bis Hinterweidenthal B427 bis Reichenbach – L489/L478 bis Ludwigswinkel – Richtung Gewerbegebiet – Kurz hinter dem Ortsausgang in einer Linkskurve Waldparkplatz auf der rechten Seite.

Pförtnerhaus, Turm und Schießstand erinnern an eine moderne Burg.

HINTER DIE BERGE ZU DEN SIEBEN ZWERGEN So fühlt sich die Anfahrt an. Wer die nächste Autobahnabfahrt kurz vor Pirmasens verlässt, kann mehrere Strecken zum Ziel wählen. Doch die tun sich nicht viel: So oder so sind es gut 40 Kilometer und Minuten bis zum Ortsschild Ludwigswinkel. Schnelles Vorankommen ist schier unmöglich. Die Landstraßen schlängeln sich schmal und kurvenreich hügelauf und wieder hinunter durch den Pfälzerwald. Jedes entgegenkommende Auto ein kleines Abenteuer auf den engen Straßen, lässt den Puls höher schlagen, jedes langsamere vor einem noch mehr. Überholversuche gleichen Himmelfahrtskommandos. Ein Nervenkrieg, wenn man sich nicht die Zeit nimmt, die Fahrt zu genießen. Da erscheint das Auftauchen des Schöntalweihers kurz vor Ludwigswinkel fast schon wie das gelobte Land. Es gibt ja doch noch mehr als Wald und Hügel: ein Dorf und sogar ein wenig Tourismus. Menschen, die gemütlich ihrem, was sie halt gerade tun, nachgehen. Alles sieht gemütlich aus, nichts erscheint schnell oder gar aufgeregt: der berühmte Ort, an dem die Uhren langsamer laufen. 500 Meter weiter lagerte hinter der Ortsgrenze genügend Feuerkraft, um nicht nur den Südwesten auszuradieren.

VON GRILLEN UND BETON Der Natur ist es egal, was hier früher getrieben wurde. Sie hat sich das Gelände längst zurückgeholt. Neben den asphaltierten Wegen wachsen junge Kiefern, Sträucher und Heidekraut. Der ehemalige Löschteich ist heute ein kleines Feuchtbiotop, die Bunker vollständig überwachsen. Grillen zirpen, Vögel zwitschern fröhlich und eine Eidechse huscht um die Ecke. Ein Idyll. Doch dann ein hellgrauer Betonklotz. Massiv, trotzig und doch irgendwie filigran drückt er sich an den Boden. Es will ihm nicht recht gelingen, denn der an das Wachhaus angebaute zehn Meter hohe

Die ehemalige Hochsicherheitsanlage kann heute frei betreten werden.

Turm reckt sich schlank in die Höhe, sorgte einst für den Überblick über das Tag und Nacht beleuchtete Areal. Heute sind die Lichter aus. Kein Weg führt mehr zur Plattform hoch: Die rostige Wendeltreppe wurde ausgebaut und nie ersetzt. Türen und Fenster stehen weit offen. Wo vor nicht einmal 40 Jahren Soldaten schwer bewaffnet auf ihren Einsatz warteten, kann man jetzt herumschlendern. Im Wachraum an der Pforte steht noch der Tresen, von dem aus früher das gesamte Gebiet elektronisch überwacht wurde. Mikrowellen- und Bewegungsdetektoren sendeten ihre Daten an genau dieses Pult. Die vielen Anzeigen sind weg. Wie ein leeres Gerippe steht es da im Eingangsbereich. »Love the Life« – »Liebe das Leben« hat jemand an die Wand gesprüht. Gänsehaut.

DER ANFANG IST DAS ENDE Das Jahr 1955 war das Ende der Besatzungszeit. Die beiden deutschen Staaten erhielten ihre Souveränität. Gleichzeitig bildeten sich die zwei großen Blöcke, NATO und Warschauer Pakt. Die US-Amerikaner beschlagnahmten ein Gebiet von etwa 680 Hektar von der

Bundesrepublik. Diese Größe entsprach etwa 965 Fußballfeldern. In einer der hintersten Ecken der Republik, direkt an der französischen Grenze, wurde das Fischbach Army Depot aufgebaut. Hier sollten Waffen, Munition, Lebensmittel und Ausrüstung für den Kriegsfall lagern. Zur Abschottung nach außen wurden 31.780 Meter Zaun und 146.430 Meter Stacheldraht verlegt. Im Lager entstanden 44 Kilometer Straße und 200 Gebäude, darunter 96 Lagerhäuser für Munition, Verwaltungsgebäude, Kegelbahn, Offizierskasino, Kirche, Kino und Unterkünfte für die Soldaten. Aber damit nicht genug: 1972 verübte die terroristische Rote Armee Fraktion sechs Anschläge im Land, die später als Mai-Offensive in die Geschichte eingehen sollten. Grund genug die Waffenlager innerhalb des Zaunes einmal besonders zu schützen: Die Hochsicherheitsbereiche area 1, area 2 und area 3 wurden eingerichtet.

SONDERWAFFEN Das hört sich an wie Sondermüll. Aber das Besondere ist ihr Einsatzgebiet: Normale, konventionelle Waffen richten sich gegen Panzer, Flugzeuge, Schiffe oder feindliche Soldaten. Sonderwaffen dagegen vernichten ganze Völker. In area 1 wurden Massenvernichtungswaffen gelagert. Die *Special Ammunition Site (SAS)* Fischbach war während des Kalten Krieges eines der größten Lager für nukleare Artilleriegranaten, Atomraketen, Giftgas und andere chemische Kampfstoffe in Deutschland. Die Friedensbewegung schaute deshalb ab den 80ern regelmäßig vorbei, veranstaltete Sitzblockaden und Kundgebungen. Damit war sie sogar gelegentlich in den Nachrichten. Doch die offiziellen Stellen waren zu keiner Aussage zu bewegen, was wirklich in den Tiefen des Pfälzerwaldes gelagert wurde. Der Transport der todbringenden Waffen erfolgte per Helikopter von einem geschlossenen Army Bereich zum anderen. Und er er-

↓ Wo früher Atomraketen lagerten, kann man heute Stauraum und Lagerflächen mieten.

↘ Doch das Wachpersonal ist abgezogen, die Mannschaftsräume verlassen.

Cancel Culture: Von den ehemals mehreren Hundert Gebäuden blieben nur 19 als Lern- und Erinnerungsorte für die Nachwelt erhalten.

folgte aus Angst vor neugierigen Blicken der Menschen unten und der russischen Spionagesatelliten oben in der Dämmerung und in großer Eile. Heute gilt es als gesichert, dass sich nukleare Artilleriegranaten, nukleare Pershing und LANCE-Sprengköpfe auf dem Gelände area 1 befanden.

ABTRANSPORT Mit dem Ende der Sowjetunion kam auch das Ende für die Sonderwaffenlager. In der Operation „Silent Echo" wurden Sprengköpfe, Granaten und alles, was sonst noch tragbar war, wieder in die USA ausgeflogen. Als die Amerikaner das Fischbach Army Depot verließen und im Herbst 1994 an die Deutschen zurückgaben, war niemand da, der das Gelände übernahm und sicherte. So blieb der Hochsicherheitsbereich einfach offen stehen. Jedermann konnte darin herum spazieren, die Bedienungsanleitungen der fest installierten Sicherungsanlagen studieren oder es sich im Casino gemütlich machen. Es dauerte eine ganze Weile, bis die Bundeswehr einzog und mit der Demontage der Gebäude und Stahltürme begann. Eine Bürgerinitiative verhinderte den kompletten Rückbau.

Das besondere Erlebnis

Am anderen Ende des Örtchens Fischbach befindet sich das Biosphärenhaus mit dem ersten Baumwipfelpfad Deutschlands. Der im Jahr 2003 eröffnete Weg führt in 35 Metern Höhe an den Baumkronen vorbei zum Aussichtsturm mit einem wunderbaren Blick über den Pfälzerwald und die Nordvogesen. Von dort oben führt eine 40 Meter lange Baumrutsche rasant zurück auf den Boden. Im Biosphärenhaus, das als Außenprojekt der Expo 2000 in Hannover entstand, können sich die Besucher in einer interaktiven Ausstellung mit der Natur auseinandersetzen. Außerdem gibt es Spielplätze, eine Keltenwiese und Greifvögel mit Flugvorführungen.

Unzählige junge Erwachsene verbinden mit der Hahn Family Housing schöne Kindheits- und Jugenderinnerungen.

28

WOHNUNGSNOT

Hahn Family Housing

Mehrere 100 Wohnungen ehemaliger Militärangehöriger marodieren hinter den Kulissen des skandalumwitterten Flughafens Frankfurt-Hahn vor sich hin. Sie bräuchten dringend ein paar Bewohner.

Hahn Family Housing Hunsrück Drive, 55483 Büchenbeuren
GPS 49.928785, 7.258450 **Anfahrt** Auto: E42 zum Flughafen, vor dem P+R Parkplatz links
Flugzeug: Landung in Frankfurt-Hahn dann 3 km in südwestlicher Richtung wandern.

fälle zu vermeiden, beließen sie es bei Hahn Airbase.

NOMEN EST OMEN Im Falle von Frankfurt-Hahn trug das Kind schon von Anfang an den falschen Namen. Normalerweise werden Flughäfen nach der Gemeinde benannt, auf deren Gebiet sie gebaut sind. Das ist mehrheitlich Lautzenhausen. Als die französische Besatzungsmacht im Jahre 1951 den Bau des Flugfeldes plante, wollte sie um einige Meter Richtung Hahn versetzt bauen. Deshalb war der Name nur ursprünglich richtig. Doch schon im nächsten Jahr übernahmen die Amerikaner die in Richtung Lautzenhausen und Büchenbeuren verschobene Baustelle. Ihren Piloten trauten sie die Aussprache der Ortsnamen Büchenbeuren und Lautzenhausen schlichtweg nicht zu. Um Verständigungsprobleme und Flugun-

LUFTKRANK Schon bald zog die 50th Fighter-Bomber Wing der amerikanischen Luftstreitkräfte ein. Und mit ihr kam die Fliegerlegende überhaupt in den Hunsrück. Charles Elwood „Chuck" Yeager – die jüngere Generation mag den Namen von den Air Combat Games des Spieleherstellers EA kennen – war ab 1957 zwei Jahre lang einer der Kommandanten auf dem nach Ramstein zweitgrößten amerikanischen Militärflughafen innerhalb Deutschlands. Aller Anfang ist schwer, Yeager wurde bei seinem ersten Flug im Juli 1942 luftkrank. Er ließ sich nicht abschrecken und absolvierte einen neunmonatigen Piloten-Crashkurs. Wenig später wurde er als Kampfpilot nach England versetzt, wo er Einsätze gegen die Wehrmacht flog. Es dauerte gerade mal fünf Monate, bis er über Frankreich vom Himmel geschossen wurde. Er überlebte den Absturz und wie im Drehbuch eines Spielfilms fand ihn die französische Resistance. Nachdem er den Franzosen seine Kenntnisse über Bombenbau weitergegeben hatte, halfen sie ihm auf abenteuerlichen Wegen über die Grenze nach Spanien. Von dort reiste Chuck nach England zu seiner Einheit.

SCHALLMAUER Dort musste er erst den kommandierenden General und späteren Präsidenten Dwight D. Eisenhower dazu überreden, weitere Kampfeinsätze fliegen zu dürfen. Nach erfolgtem Okay stieg er zum Kriegshelden und Fliegerass auf. Dabei gelang ihm das filmreife Kunststück, zwei gegnerische Flugzeuge kollidieren zu lassen. So landete er ohne einen einzigen Schuss gleich zwei Treffer. Mit 11,5 offiziellen Abschüssen kehrte Yeager nach dem Krieg in die USA zurück, um Testpilot zu werden. In dieser Funktion ging er in die Geschichte ein:

Charles Yeager war der erste Mensch, der in einem horizontalen Flug die Schallmauer durchbrochen hat. Kleine Anekdote am Rand: Zwei Tage vor dem Flug war er vom Pferd gefallen und hatte sich mehrere Rippen gebrochen. Damit er nicht durch einen anderen Piloten ersetzt würde, hielt Yeager Unfall und Verletzung geheim. Und »live fast, die old« saß er noch mit 89 Jahren im Überschallflieger. Er verstarb im Jahre 2020 im Alter von 97 Jahren.

JUGENDERINNERUNGEN Hot Wheels auf dem Dachboden, Barbies auf den Treppen und Baseball auf der Wiese vor den Häusern: Zwei Generationen Pilotenkinder verbinden sehr lebhafte Jugenderinnerungen mit der Hahn Airbase. Denn 41 Jahre lang wurde der Standort ständig erweitert und ausgebaut. Für die über 13.000 Beschäftigten und ihre Familien wurde eine kleine Stadt errichtet: fünf Schulgebäude, 23 Geschäfte, Theater, Sporthallen, ein Golfplatz. Die Familien wohnten in 43 Gebäuden mit 672 Wohnungen in Größen zwischen 60 und 155 Quadratmetern. Wie bei vielen dieser schnell gebauten Wohnstädte waren die Häuser gleichartig und geometrisch angeordnet. Die einzelnen Wohnungen unterschieden sich nur durch Lage und Inneneinrichtung. Doch ist einem das als Kind nicht egal? Fernab von Verkehr und Kriminalität konnten sie jederzeit raus ins Freie, sich mit Freunden treffen, abhängen oder Sport machen. Auch bei schlechtem Wetter gab es genügend Platz in den Treppenhäusern, Dachböden und Kellerfluren.

ZIVILE NICHT-NUTZUNG Mit dem Ende des Kalten Krieges reduzierten die amerikanischen Streitkräfte ihre Präsenz im Herzen Europas. Hahn war einer der ersten Flugplätze, die auf- und an die Bundesrepublik zurückgegeben wurden. Für den Verbleib der Jagdbomber-Staffeln gab es keinen Grund mehr. In Deutschland begrüßte man die Möglichkeit, den Flughafen in Frankfurt/Main zu entlasten. Der war schon lange an seine Kapazitätsgrenze gestoßen und konnte nicht erweitert werden. Mit viel Tamtam und der Ankündigung, 20.000 neue Arbeitsplätze in der – wie es so schön heißt – strukturschwachen Region zu schaffen, feierte die Landesregierung das Projekt. Wäre es gelungen wie geplant, hätten sich vielleicht auch Bewohner für die 672 Wohnungen der Family Housings finden lassen. Doch es fand sich niemand, der sich um die Apartments kümmern wollte. Nach mehreren Jahrzehnten Leerstand nagt der Zahn der Zeit an den Bauten. Nicht, dass es zwischendurch keine Versuche gegeben hätte, Hand anzulegen. Farbeimer und Pinsel finden sich an mehreren Ecken und zeugen vom kläglichen Scheitern der Handwerker. Immerhin wurde ein kleiner Teil der 43 Häuser gerettet und renoviert. Sie gehören zur Hochschule des Landes Rheinland-Pfalz. Der Gegensatz lässt den Ort noch gespenstischer wirken, als er es eh schon ist. Wer genau hinschaut, entdeckt im zentralen Geschäftsgebäude zwischen den Geisterbauten und leer stehenden Büros einen weiteren Ausbildungsort: Ryanair schult dort das Kabinenpersonal.

UNLAUTERE WERBUNG Das Gesetz gegen unlautere Werbung verbietet es, in die Irre führende Namen für Produkte zu verwenden. Doch gerade bei Flughäfen scheint der Spielraum sehr, sehr groß zu sein. Frankfurt-Hahn liegt mehr als 100 Kilometer von der Hessenmetropole entfernt. Dank fehlender Bahnverbindung dauert die Fahrt – mit Bus oder Mietwagen – etwa 90 Minuten. Damit dürfte sich Frankfurt-Hahn den Titel als »Mutter der kreativen Namensgebung« verdient haben. Und das auch noch gerichtlich bestätigt, denn die von Frankfurt/Main aus operierende Lufthansa sah sich in ihren Wettbewerbsrechten verletzt und klagte. Den Prozess verlor sie. Bei einem ähnlichen Rechtsstreit ging der Fall anders aus: Weeze darf nicht mit dem Namen Düsseldorf werben, obwohl es nur 70 Kilometer entfernt liegt.

PUBLICITY War es trotz der Unannehmlichkeiten oder wegen des bekannten Namens? Die Fluggastzahlen nahmen stetig zu und kratzten im Jahre 2009 an der 4 Millionen-Marke. Doch die Querelen um Hahn hörten nicht auf. Einmal waren es die erlaubten und dann nicht mehr erlaubten staatlichen Subventionen, mal die unternehmenspolitischen Kämpfe der in Konkurrenz stehenden Fluglinien und Flughäfen in Frankfurt, Luxemburg oder Saarbrücken. Der Schildbürgerstreich eines chinesischen Investors, den es in Wirklichkeit gar nicht gab, sorgte im Jahre 2016 für landesweite, schadenfreudige Lacher. Bis zur Insolvenz des Betreibers nach den Coronajahren sorgten schlechte Schlagzeilen für eine ständige Medienpräsenz. Die Urlauber waren verunsichert und fragten sich, ob es den Flughafen überhaupt noch gab. War eine Buchung weggeworfenes Geld? Ein Fake? Aber nein. Trotz aller Meldungen starteten und landeten die Jets. Im Februar 2023 erschien dann ein Lichtschimmer für den Weiterbetrieb des Flughafens: Der Nürburgring, die berühmte Rennstrecke in der Eifel, wolle den Airport kaufen. Dahinter stehe ein russischer Oligarch. Doch wurde kurz vor Drucklegung dieses Buches bekannt, dass der Flughafen Hahn letztendlich an ein Trierer Immobilienunternehmen verkauft wurde. Eine der ersten Maßnahmen war die Umbenennung von Flughafen Frankfurt-Hahn in Triwo Hahn Airport.

Wohnungsnot kann viele Gesichter haben.

Das besondere Erlebnis

Die Geschichte der Hahn Air Base ist eng mit Geschehnissen im Zusammenhang der Raketenbasis Pydna im 20 Kilometer entfernten Kastellaun verbunden. Bevor die Cruise Missiles dort aufgestellt werden konnten, mussten sie erst in Hahn zwischengelagert werden. Gegen die Stationierung demonstrierten dort am 11. Oktober 1986 etwa 200.000 Menschen. Als Prominente traten Hannes Wader und Udo Lindenberg auf. Im Haus der Geschichte in der Unterburg von Kastellaun existiert eine Ausstellung zum Thema. Die Pydna ist nur zum jährlichen Technofestival «Nature One» für den Publikumsverkehr geöffnet.

29

AM LANGEN ARM VERHUNGERT

Schutzengelkirche, Heimbach

Das Bistum Trier zieht sich immer mehr aus den Gemeinden zurück, gibt Gläubige und den Missionsauftrag auf. Vor Ort bleiben marode Kulturgüter und das Verlustgefühl im Herzen der Kirchgänger.

Profanierte Kirche Heimbach In d. Treibe 6, 55779 Heimbach
GPS 49.614458, 7.249344 **Anfahrt** Auto: A62 bis Ausfahrt Birkenfeld, weiter über L169; ÖPNV: RE3, RE34 nach Heimbach

Die Schutzengelkirche prägt das Ortsbild von Heimbach seit dem Jahr 1925.

Die Schäden an der baufälligen Kirche sind mit bloßem Auge zu sehen. Das Dach wurde notdürftig gegen herabfallende Ziegel gesichert.

HEIMBACH Von jeher waren in Heimbach beide Kirchen engagiert: Denn die heutige Gemeinde setzt sich geschichtlich gesehen aus zwei Herrschaftsbereichen zusammen: Ein Teil gehörte zum katholischen Lothringen, während der andere Part dem reformierten Pfalz-Zweibrücken unterstand. Während sich die Katholiken zum Glaubenszentrum auch der umliegenden Dörfer entwickelten und die Leute von dort zum Gottesdienst nach Heimbach kamen, war es bei den Evangelischen umgekehrt. Daher verfügt die Schutzengelkirche aus dem Jahr 1925 über mehrere Vorläufer: eine Kapelle auf dem Hiwwel und später ab 1885 die Schutzengelkapelle auf dem Höhklopp. Diese war aber zu klein geworden, denn Heimbach entwickelte sich nicht zuletzt dank der Anbindung an gleich zwei Bahnlinien ordentlich und verzeichnete ständig wachsende Bevölkerungszahlen. Zwischen 1905 und 1939 hatte sich die Bevölkerung fast verdoppelt.

EXPRESSIONISMUS Entsprechend engagiert zeigten sich die Kirchen. Allen voran trieb Pfarrer Ludwig Bettendorf die Errichtung der Schutzengelkirche mit großem Engagement voran. Dabei investierte er nicht nur seine Arbeitskraft, sondern auch privates Kapital. Ein Teil davon ging an Alfred Gottwald, einen bekannten expressionistischen Kirchenmaler. Seine Werke schmücken Gotteshäuser in der Region und im europäischen Ausland von der Schweiz bis hoch nach Schweden. Im Fall der Schutzengelkirche wären seine Gemälde fast verloren gegangen, denn Pfarrer Bettendorf war schon 1951 verstorben. Er hatte sich mit den Nazis angelegt, was ihm fünf Jahre in Sachsenhausen und Dachau und einen frühen Tod einbrachte. So war niemand da, um Gottwalds

Kunstwerke gegen den sich ändernden Zeitgeist zu verteidigen. Die Bilder wurden einfach übermalt.

SCHULSCHLIESSUNG Abgesehen von diesem Fauxpas gedieh Heimbach weiter. Gleich zwei Schulen unterrichteten die Kinder bis zur neunten Klasse und zu dem Hauptschulabschluss direkt im Ort. Doch ausgerechnet nach den geburtenstarken Jahrgängen Ende der 60er Jahre, die Heimbach mit fast 2000 Bürgern zur größten Einwohnerzahl seiner Geschichte verholfen hatten, wollten oder mussten die Kirchen ihr Engagement ändern. Waren es Änderungen im Schulsystem, Gebietsreformen oder Kürzungen in den öffentlichen Haushalten? Wir wissen es nicht genau. Aber ohne Grund von außen wurden die beiden Schulen bestimmt nicht geschlossen. Die Kinder mussten nun mit Bussen zum täglichen Unterricht in die Nachbarorte fahren. Denn zu allem Überfluss fiel die Bahnverbindung nach Baumholder ebenfalls in dieser Zeit weg. Seither dreht sich die Gemeinde wie die Katze, die ihren eigenen Schwanz jagt, in einer Abwärtsspirale.

DAS LANGSAME SIECHEN Verfolgt man die Geschichte der Schutzengelkirche in den letzten Jahren, entdeckt man viel Engagement und guten Willen, aber noch mehr Untätigkeit und gegenseitige Schuldzuweisungen. Das Kirchendach war schon lange undicht. Zusätzlich wurde der Glockenturm baufällig und das Geläut erst einmal abgestellt. Doch die Sanierungsarbeiten, die vom Bistum unterstützt wurden, kamen spärlich und wie der Tropfen auf den heißen Stein. Pfarrgemeinderat und Ortsbürgermeister warfen dem Bistum Untätigkeit und Verschleppung der Entscheidung vor. Dieses bekräftigte seinen guten Willen, warf den Ball aber zurück. Die Heimbacher müssten schon einen Eigenanteil aufbringen und zumindest genug Engagement zeigen, um einen ordentlichen Gemeinderat zu bilden.

LANDFLUCHT Doch der Ort hat seit den 70ern fast die Hälfte seiner Einwohner verloren. Nur noch knapp über 1000 Einwohner zählt Heimbach heute. Wikipedia führt die fehlende Infrastruktur als Grund für die rückläufige Entwicklung an. Viele Heimbacher bekunden ihre Wohn- und Lebenssituation jedoch als gut. Würden sie nur nicht von außen ständig im Stich gelassen und kaputt gemacht: »Der Investitionsstau! Die machen nichts! Das ist beim alten Schulhaus so gewesen, das heute noch als Lost Place oberhalb der Schutzengelkirche zu sehen ist, und danach ging es bei der Kirche weiter«, klagt ein Anwohner. »Als Nächstes trifft es den Kindergarten. Auch dort wird seit Jahren viel zu wenig investiert. Wenn demnächst die Betriebserlaubnis ausläuft, wird sicher neu gebaut. Wahrscheinlich aber nicht in Heimbach!«

HENNE ODER EI? Was war zuerst da? Bedingt die fehlende Infrastruktur Heimbachs die rückläufige Bevölkerungszahl oder rechtfertigt die Bevölkerungszahl keine weiteren Investitionen? Wer sich auf der offiziellen Seite des Landes Rheinland-Pfalz mit den demografischen Daten der Nahe-Gemeinde beschäftigt, entdeckt auf den ersten Blick, dass gut die Hälfte der Einwohner über 50 Jahre alt ist. Vorprogrammiert scheint der weitere Bevölkerungsrückgang. Wer möchte da in einen Kindergarten investieren? Oder in ein Gotteshaus? Der Staat? Die Kirchen? Aber wenn nicht diese beiden, wer sonst? Wird der Großteil des Wohnortes einfach aufgegeben? Verlassen? Aus eigener Kraft werden es die Einwohner wohl kaum schaffen. Schon jetzt stehen etliche Häuser leer.

↑ **Seniorentreffs und Jugendgruppen im angebauten Gemeindehaus sind Vergangenheit.**
↗ **Keiner kümmert sich um die Fußwege rund um das Gotteshaus. Warum auch?**

ABRISS Am 18. Februar 2022 wurde die Schutzengelkirche in Heimbach profaniert. Wegen Baufälligkeit geschlossen wurde sie schon ein Jahr vorher. Seither geistert der Gedanke vom Abriss der baufälligen Kirche wie ein Alptraum über dem Heimbachtal. Noch verhindern Rettungswünsche, dass sich die Gedanken in Form eines Baggers materialisieren. Eine Kletterhalle in den hohen Räumen des Kirchenschiffes scheint doch eine tolle Idee zu sein. Doch wie viele Kletterer würde es brauchen, um die 750.000 Euro Sanierungskosten wieder einzunehmen? Und was ist mit den anderen 700 Kirchen, die in naher Zukunft profaniert werden? Laut Berichten plant das Bistum Trier die Zahl seiner Kirchen und Kapellen um 30–40 % zu reduzieren. Und abgesehen von den Immobilien: Was ist mit den Kunstschätzen, die im Inneren verteilt sind? Gehen die inzwischen wieder frei gelegten Werke Gottwalds durch die Abrissbirne zum zweiten Mal und dann für immer verloren?

Das besondere Erlebnis

An der L347 in der Nähe der Einmündung nach Berglangenbach erhebt sich eine Friedhofsmauer direkt neben der Straße. Auf diesem Totenacker scheinen die Toten tatsächlich ihre letzte Ruhe gefunden zu haben. Zwischen zerbrochenen Grabsteinen und überwucherten Wegen findet sich noch so manche kunstvolle Erinnerung an die Verstorbenen.

Die ehemals einfache Junkersmühle wurde über Jahre hinweg zum florierenden Wellnesshotel ausgebaut.

30

BRANDSTIFTUNG

Junkersmühle, Michelbach

Leer stehende Gebäude gehen allzu oft in Flammen auf. Kopfschüttelnd nimmt die Öffentlichkeit nur wenig Notiz. Jugendliche und die Urbex-Szene stehen unter Generalverdacht.

Junkersmühle 56288 Michelbach, Wohnplatz Junkersmühle
GPS 50.010859, 7.472340 **Anfahrt** PKW: A61 Ausfahrt Dreieck Rheinböllen, B50 nach Simmern, L108/227 nach Michelbach

SCHMIEDEL Michelbach ist ein ganz besonderer kleiner Ort im Hunsrück. Die 200 Einwohner halten fest zusammen. Jeder hilft jedem und kümmert sich, dass keiner alleine gelassen wird. Nicht weniger als acht Vereine organisieren regelmäßige Freizeitbeschäftigung und Geselligkeit. Und wer jetzt an eine eingeschworene, sturköpfige Bande denkt, die sich nur auf ihren kleinen Flecken konzentriert und keine Fremden akzeptiert, liegt weit daneben: Im kleinen Michelbach gibt man sich weltoffen und gastfreundlich, nimmt gerne Austauschschüler aus anderen Ländern und Kontinenten auf. Denn Hilfsbereitschaft und Gastfreundschaft haben im bäuerlich geprägten Hunsrückdorf Tradition: Mitte des 19. Jahrhunderts sprengte die Industrialisierung das landwirtschaftliche Sozialgefüge. Dabei blieben viele Halbwüchsige sich selbst überlassen, hungerten und hatten keine Ausbildung. Um ihnen zu helfen, wurde bei Simmern der noch heute existierende Verein der Schmiedel gegründet. Deren erstes Rettungshaus eröffnete im Jahre 1850 in Michelbach.

EXPANSION FÜR NICHTS Gastfreundlich präsentierte sich in den 1960ern auch die Junkersmühle in einer kleinen Senke einen Kilometer vor dem Ortsschild. Damals befand sich ein kleiner, gastronomischer Betrieb samt angeschlossener Pension in nur einem Gebäude. Werbewirksam verschickten deren Besucher Postkarten, auf denen die Mühle, der Gastraum mit seinen Panoramafenstern und Gäste beim Kurzweil auf den Liegestühlen in der anheimelnden Landschaft abgebildet waren. Inspiriert vom adretten Ambiente kamen immer mehr Touristen. Der Betrieb wuchs, wurde über die Jahre vergrößert, angebaut, umgebaut, bekam eine Kegelbahn, Swimmingpool, Sauna. Dazu wurden zwei weitere Häuser errichtet, eins für die Betreiber zum Wohnen und ein Gästehaus, das noch mehr Übernachtungsmöglichkeiten bot. Und dann wurde alles geschlossen. Der Komplex auf seinem 18.000 Quadratmeter großen Grundstück stand zum Verkauf.

GROSSEINSATZ Am 9. Juli 2015 heulten dann die Sirenen. Acht Feuerwehren aus der gesamten Region waren vor Ort und halfen, den Brand im Dachstuhl zu löschen. Dazu standen die Sanitäter des Roten Kreuzes für den Fall eines Löschunfalls Gewehr bei Fuß. Doch nach ein paar Stunden Arbeit zeigte sich, dass die Brandbekämpfer der Sache Herr wurden. Bis auf den Dachstuhl wurde das Hauptgebäude gerettet und schnell zeigte sich: Es war Brandstiftung! Die drei jugendlichen Täter wurden schnell gefasst und waren geständig. Fall erledigt – alles wieder gut.

KAISER NERO Doch ist wirklich alles gut? Kaum ein Tag vergeht, an dem nicht ein leerstehendes Gebäude in Flammen aufgeht. Historische Privathäuser, alte Industrieanla-

Vor der Haustür gedeihen Dornen, Brennnesseln und Dickicht.

gen, Militäreinrichtungen, Bahngebäude und denkmalgeschützte Immobilien haben Besuch vom Feuerteufel. Und fast immer ist es Brandstiftung! Das Magazin Rotten Places führt eine nicht ganz vollständige Chronologie der Brände. Mehr als 120 im Jahr 2015, fast 200 im Jahr 2021. Die Tendenz geht nach oben. Und für viele ist klar, dass es sich bei den Tätern um zündelnde Jugendliche handeln muss. Wer sonst würde so etwas tun? Schaut man in die Kriminalstatistik, die nur etwa die Hälfte der Brandstiftungen aufklärt, findet man die Gruppe der vandalisierenden Jugendlichen zwar mit steigendem Anteil, doch die Mehrheit der Brände soll laut Rotten Places auf das Konto »Warmsanierung« gehen: Dabei handelt es sich um Versicherungsbetrug oder das Umgehen von Denkmalvorschriften. Und betrachtet man sich die Sache genauer, könnte man sogar auf die Idee kommen, dass so mancher Eigentümer eines Lost Places seinen Sicherungspflichten deshalb so wenig nachkommt, weil er insgeheim hofft, dass – vielleicht aus Vandalismus, vielleicht aus einem anderen Grund, wen schert es schon – alles in Flammen aufgeht. Dann zahlt die Versicherung und es kann ganz bequem neu gebaut werden.

DIE BRANDRUINE Bei den Löscharbeiten wurde zum Glück niemand verletzt. Doch sind wir mal ehrlich: Kein Löscheinsatz geht ohne Gefahr für Leib und Leben der Brandbekämpfer vonstatten. Und so manch leer stehendes Gebäude ist Stammkunde. Fast schon genervt wird sich der ein oder andere

Im Trockenen wechselten die Hotelgäste zwischen den einzelnen Häusern des Komplexes.

Die großzügige Sauna- und Wellnesslandschaft liegt in Schutt und Asche.

Feuerwehrmann wünschen, dass das baufällige Ding dann endlich abbrennt. Ob im Fall der Junkersmühle jemand etwas gewonnen hat? Keine Ahnung, ob ein Euro Entschädigung geflossen ist oder die Immobilie versichert war. Offensichtlich ist nur, dass nach dem Feuerwehreinsatz nichts passiert ist, um die Gebäude zu retten oder zu sichern. Noch verfügt der Hotelkomplex über eine gute Bausubstanz. Doch wie lange bleibt das so bei dem offenen Dach?

Das besondere Erlebnis

Fast in Sichtweite zur Junkersmühle liegt nördlich die Pydna. Die ehemalige Raketenbasis der NATO wird heutzutage von der Bundeswehr vornehmlich zur Telekommunikationsausbildung genutzt. Doch der Marschflugkörper im Eingangsbereich jagt einem immer noch Gänsehaut über den Rücken.

31

AUF DEM TROCKENEN

Schwimmbad Schönecken

Keine Präzedenzfälle: Angesichts unzähliger geschlossener Schwimmbäder im Land können keine Konversionsmittel für eine Umnutzung des Geländes bewilligt werden.

Ehemaliges Freibad Schönecken, In d. Treft, 54614 Schönecken
GPS 50.149572, 6.467745 **Anfahrt** Auto: A1/A60 bis Ausfahrt 5-Waxweiler, weiter über L33 / L5

Von der Liegewiese hatten die Besucher eine herrliche Aussicht über den Ort und die umliegende Landschaft.

KONVERSIONSMITTEL Wird eine Immobilie nicht mehr benötigt oder eine Anlage nicht mehr gebraucht, soll sie nicht selten einem neuen, anderen Zweck zugeführt werden. Dies ist in der Regel nicht billig. Aber genau dafür gibt es einen großen Topf, aus dem betroffene Gemeinden Gelder beantragen können. Das erste Projekt dieser Art im Land Rheinland-Pfalz war der amerikanische Flughafen in Zweibrücken. Mit der Förderung von mehr als 15 Millionen Euro wurde der Flughafen umgebaut, im Multimedia-Internet-Park 500 neue Arbeitsplätze geschaffen und ein Outlet-Center eröffnet. Letzteres zog seit Eröffnung mehr als 20 Millionen Besucher nicht nur aus der Region, sondern auch Ländern wie Norwegen, China oder Dubai an. Ein voller Erfolg!

Das Kombibad konnte bei jedem Wetter genutzt werden.

EIN SPIELPLATZ Der Schönecker Gemeinderat hatte zuletzt weniger an solche lohnenden Investitionen gedacht. Ja, anfangs ging es noch um eine touristische Nutzung. Ein Freizeitgelände mit Bike-Parcours, Kletterpark und mit Sand gefüllten Spielfeldern sollte es werden. Dazu hätte die Schwimmhalle nicht einmal vollständig abgerissen werden müssen. Ein Umbau hätte genügt. Das Ganze wäre kostengünstig mit Wohnmobilstellplätzen komplettiert worden. Doch offensichtlich fanden das nicht alle Anwohner gut. Ein paar Monate später ging es nur noch um einen Spielplatz für die eigene Jugend. Die vielen Tagestouristen wolle keiner haben. Das könne man den lieben Einwohnern von Schönecken nicht zumuten. Etwas für den eigenen Nachwuchs tun zu wollen ist ja eigentlich eine löbliche Absicht, vor allem angesichts der deutschen Spielplätze im Vergleich zu denen der südlichen Nachbarn

Das geschlossene Schönecker Schwimmbad wurde ein Opfer des Vandalismus.

Deutschlands – etwa in Frankreich, Spanien oder Italien, die oft aufwendiger und liebevoller gestaltet sind, als wir das hier kennen.

EIN FASS Angesichts der finanziellen Möglichkeiten der Gemeinde schien es eine recht gute Idee zu sein, sich bei der Umnutzung des Geländes aus dem Topf der Konversionsmittel bedienen zu wollen. Doch wie sollte die Landesregierung in Mainz auf einen solch politisch wenig vermarktbaren Antrag entscheiden? Während woanders Arbeitsplätze geschaffen wurden, sollte hier ein Spielplatz entstehen! ABGELEHNT! Ob die Begründung, keine Präzedenzfälle schaffen zu wollen, der Wahrheit entsprach oder nur vorgeschoben war, wer weiß das schon. Doch die Sachbearbeiter hatten sehr richtig erkannt, dass sie hier ein Fass aufmachen würden. Eine Unzahl von Schwimmbädern wurde in den letzten Jahrzehnten geschlossen. Sie stehen leer, werden von der Natur zurückerobert oder dienen als Ziele beim Steinewerfen. Wer sich neu mit dem Thema Urbex und Lost Places beschäftigt, wird ziemlich schnell auf trockene Becken, verrostete Sprungtürme und alte Umkleiden stoßen. Meist marodieren sie über Jahrzehnte hinweg vor sich hin, bis ein Investor gefunden oder Gelder für Neues beschafft wurde. Erst dann fahren Bagger und Planierraupen vor.

EIERLAGE So hat sich Schönecken mit der Schließung des Schwimmbades ein sprichwörtliches Ei gelegt. Das 105., um genau zu sein. Denn der Ort ist für einen der ältesten Osterbräuche Westeuropas bekannt. Bei der Eierlage am Ostermontag muss ein Läufer die Strecke zur Nachbargemeinde Seiwerath und zurück laufen, während der Raffer in Schönecken 104 Eier in einen Korb sammeln muss – eine Gaudi, wegen der Schönecken weit über die Region hinaus bekannt ist. Die Lage im Südwesten der Schönecker Schweiz, dem größten Naturschutzgebiet im Eifelkreis Bitburg-Prüm und die Burgruine über dem Ort bieten beste Voraussetzungen für eine erfolgreiche Vermarktung. Viele Ferienwohnungen und das Jugenddorf am Ortsrand zeugen von Aktivitäten in dieser Richtung. Doch das Camp mit seinen 34 Schlafplätzen an einem leichten Hang am Ortsrand stammt genau wie vieles andere aus den 80er Jahren. Seither hat sich nicht viel getan und die Werbebeschreibung für den Jugendurlaub »... bietet Möglichkeiten für unbeschwerte Tage mit einer fantastischen Aussicht über die Landschaft und den Ort« müsste ergänzt werden »… und das verlassene Schwimmbad«.

STEINEWERFEN Das Schönecker Schwimmbad ist seit seiner Schließung im Jahr 2007 ganz wenig von der Natur zurückerobert worden. Augenscheinlich ist es ein Opfer des Vandalismus und der Zerstörungsfreude geworden. Die Gemeindeväter scheinen das zu dulden: Bei meinem Besuch standen Türen und Fenster einladend offen. Einer Besichtigung hätte nichts im Wege gestanden. Nur das Meer aus Scherben hinter dem Eingang hielt mich davon ab. Ein Blick durch die glaslosen Fenster genügte, um zu wissen. Hier drin ist nichts Interessantes.

Das besondere Erlebnis

Im Verzeichnis der verlassenen Orte befinden sich noch zwei weitere Einträge in Schönecken. Das Haus direkt am Anfang der Bitburger Straße befand sich in ähnlich desolatem Zustand wie das Schwimmbad, ein zweites soll im Bereich unterhalb der Burg zu finden sein. Ich für meinen Teil möchte einen dritten Eintrag hinzufügen: Die offizielle Webseite Schöneckens verzeichnet aktuell die letzte Aktualisierung im Jahr 2020.

Doch war es reine Zerstörungsfreude oder auch die Wut über die Verantwortlichen, die zum jetzigen Zustand geführt haben?

12.000 Paar Schuhe am Tag wurden früher in der Rodalber Schuhfabrik größtenteils von Hand produziert.

32

SAG ZUM ABSCHIED LEISE SERVAS

Servas Schuhfabrik, Rodalben

Salamander, Dorndorf und Servas führten Anfang der 70er Jahre die deutsche Schuhindustrie an. Sie wurden ein Opfer von Mode und Importen aus Billiglohnländern. Die Servas Fabrik in Rodalben gammelt seit Jahren vor sich hin.

Ehemalige Schuhfabrik Wilhelm-Servas-Straße, 66976 Rodalben
GPS 49.240976, 7.626207 **Anfahrt** Mit der Bahn: RB/RE 55 Bahnhof Rodalben mit dem Auto B10 nach Pirmasens, über L482 nach Rodalben, weiter 497 Richtung Thaleischweiler bis zum Ziel

SCHLABBE Ludwig IX. von Hessen-Darmstadt baute Mitte des 18. Jahrhunderts ein 250 Einwohner zählendes Dörfchen in der hinteren Ecke des Pfälzerwaldes zur Garnisonsstadt aus. Seine Soldaten bezahlte er nur mit dem Nötigsten. Damit sie über die Runden kamen, erlaubte er ihnen die Ausübung eines Berufes. Da bot sich das Schuster-Handwerk an: Während der langweiligen Bereitschaftsdienste hatte man Zusatzverdienst und Zeitvertreib zugleich. Mit dem Tod des Fürsten im Jahre 1790 endete dieses Leben jäh: Die Garnison wurde aufgelöst und 2400 Soldaten standen mit ihren Familien quasi auf der Straße. Da das Geld für hochwertige Materialien wie Leder fehlte, begannen sie einfache Schuhe zu produzieren – anfänglich aus alten Uniformen. Ihre Familien mussten durch die Gegend ziehen und die Schuhe an den Mann bringen. So gründeten die Bärmesenser Schlabbeflicker eine ganze Industrie.

WELTMEISTER Aus den kleinen Familienbetrieben entwickelten sich mit der Zeit große Fabriken. Bald wurde Pirmasens – die Stadt, die genau wie Rom auf sieben Hügeln erbaut ist – zu klein. Bis zu 22.000 Menschen arbeiteten in 240 Betrieben. Viele Schuhfabriken siedelten sich auch im Umland an. Und wer Schuhe kaufen oder das Handwerk erlernen wollte, kam nach Pirmasens. So auch Adolf Dassler: Anfang der 1930er bildete er sich im Pfälzerwald fort, nahm sich sogar eine Pfälzerin zur Frau. 1949 Gründete Dassler dann im fernen Herzogenaurach seine Firma Adidas. Mit seinen damals einzigartigen Schraubstollen verschaffte er der deutschen Fußballnationalmannschaft den entscheidenden Vorteil. Der Weltmeistertitel 1954 – das Wunder von Bern – wurde erreicht dank Pfälzer Schlabbeflickerkunst. Denn Pirmasens war damals das weltweite Schuhzentrum schlechthin, sozusagen das Detroit der Schuhindustrie. Ähnlich wie in der amerikanischen Autostadt ging es auch im Pirmasens zu Ende.

OPFER DER MODE Als Anfang der 70er Jahre italienische und spanische Billigware mit trendigem Design auf den deutschen Markt drängte, erwies sich die Mehrheit der Pirmasenser Betriebe als zu groß, schwerfällig und modisch altbacken. Viele Betriebe gingen schnell pleite. Andere versuchten ihr Glück in der Flucht nach vorne: Die 1891 im Nachbarstädtchen Rodalben gegründeten Servas Schuhfabriken mit einer Tagesproduktion von 12.000 Schuhpaaren fusionierte 1970 mit den Dorndorf Schuhfabriken zum zweitgrößten Hersteller Deutschlands: der Schuh-Union. Durch die großen Produktionen konnte man jetzt zwar günstiger arbei-

↓ Seit mehr als 20 Jahren ist das Licht aus.

↘ Viele Fensterscheiben wurden von innen zerschlagen.

ten, hatte aber das Risiko auf großen Teilen der Kollektion sitzen zu bleiben. Während aus Südeuropa schon wieder neue Modelle in den Regalen standen, wurden die Rodalber Schuhe zu Ladenhütern. Die Umsätze sanken kontinuierlich, bis die Reste der Schuh-Union 2002 von einem Mitbewerber übernommen wurden. Das Servas-Stammwerk in Rodalben gammelt seit Jahren vor sich hin.

Das besondere Erlebnis

Rheinberger, die größte Schuhfabrik der 50er Jahre, war ähnlich wie Servas von den Umbrüchen der Schuhindustrie betroffen. Die Zahl der Arbeiter wuchs von 15 (1882) auf 2500 (1937), um kurz vor der Schließung wieder auf 250 (1995–1996) zu fallen. Teile des Rheinberger Komplexes beherbergen heute das technische Mitmachmuseum Dynamikum.

Die Aufzüge zum Versand der Schuhe führten direkt auf die Verladerampe.

33

EINE WEIHNACHTS-GRUSELGESCHICHTE

Burg Berwartstein, Erlenbach

Wie stellt man es an, über den Tod hinaus nicht in Vergessenheit zu geraten? Hans von Trotha, Heerführer der kurpfälzischen Truppen, ertränkte im 15. Jahrhundert die Kleinstadt Weißenburg und machte sich so als vorweihnachtlicher Kinderschreck Hans Trapp unsterblich.

Burg Berwartstein, 76891 Erlenbach **GPS** 49.108373, 7.862801
Anfahrt mit dem Auto: B427 und L490 bis Erlenbach, im Ort links der Beschilderung bis zum Parkplatz dann 300 Meter zu Fuß.

Hans von Trotha initiierte auf Burg Berwartstein die Weißenburger Wasserfehde.

VORWEIHNACHTSZEIT Knecht Ruprecht, Zwarter Piet, Düvel, Pelznickel, Rumpelklas, Klaubauf: Die Regionen Mitteleuropas haben viele Namen für den bösen Gegenspieler des Nikolaus. Immer handelt es sich um eine Sagengestalt oder ein Fabelwesen. Die Ausnahme von dieser Regel macht das Elsass, wo man ein ausgeprägtes Weihnachtsbrauchtum mit stimmungsvollen Weihnachtsmärkten pflegt. Als besondere Attraktion lässt man dort gerne das weihnachtliche Trio auftreten: den guten und großzügigen Bischof Nikolaus, das einem Engel ähnelnde Christkindel und den Furcht erregenden Hans Trapp. Bei Letzterem handelt es sich jedoch beileibe nicht nur um eine weitere Erscheinungsform des Ruprecht, sondern um den Marschall und Heerführer der kurpfälzischen Truppen Hans von Trotha, dessen Name im Elsässischen zu Hans Trapp verballhornt wurde. Hans von Trotha herrschte im 15. Jahrhundert auf Burg Berwartstein.

DER ERSTE KIRCHENRAUB Um 660 nach Christus gründete der Speyerer Bischof Dragobodo ein Benediktinerkloster in Weißenburg. Die Patres dort verstanden es sehr gut, ihren Einflussbereich zu vergrößern. Ländereien von Zweibrücken bis Hagenau zählten zu ihrem Verwaltungsgebiet. Obwohl heute auf französischem Staatsgebiet, galt Weißenburg zu seiner Blütezeit als eine der vier bedeutendsten Abteien des Heiligen Römischen Reiches. Zu bedeutend! Den Fürsten der Region wurde das Reichskloster ein Dorn im Auge. Kaiser Otto III. war im Jahr 985 noch ein Kind und so konnten sie recht einfach die Vormundschaftsregierung zu einer Umverteilung der Besitzverhältnisse bewegen. Das Kloster musste große Teile seiner Ländereien an Herzog Otto von Worms abgeben. Die Weißenburger Mönche betrachteten diesen Vorgang jedoch als Raub und behaupteten, Herzig Otto sei mit Gewalt eingefallen, hätte die Höfe und Ortschaften einfach an sich genommen. Nachzulesen ist dieser Vorgang heute unter dem Stichwort »salischer Kirchenraub«. Um die Enteignung illegal erscheinen zu lassen und um eine Wiederholung zu verhindern, schrieben die Klosteroberen die eigene Entstehungsgeschichte neu. Mit Hilfe gefälschter Urkunden behaupteten sie, die Klostergründung sei durch Frankenkönig Dagobert I. und nicht den Speyerer Bischof erfolgt. Damit hätte das Kloster nicht mehr zum Heiligen Römischen Reich gehört.

DER ZWEITE KIRCHENRAUB Gerade mal 50 Jahre später wurde der Berwartstein, nur 10 Kilometer entfernt, zum ersten Mal in einer Urkunde erwähnt. Der römische Kaiser Friedrich Barbarossa vergab die Burg als Le-

Kirchliche und weltliche Strafe folgten:
Hans wurde mit Kirchenbann und Reichsacht belegt.

hen an den Speyerer Bischof, der sie durch die Herren von Berwartstein nicht nur verwalten ließ. Vielmehr sollten sie auch den Territorial- und Machtanspruch der Weißenburger zurückdrängen. Die Rechnung ging nicht lange auf: Als die Burgherren ausstarben, gelangte die Burg durch Erbfolge ausgerechnet in den Besitz des Weißenburger Klosters. Ohne die ehemaligen Gönner aus dem Römischen Reich hatte es aber zwischenzeitlich einen Großteil seiner Macht und seinen Reichtum verloren. Schutz suchend begab es sich in kurpfälzische Herrschaft, erlaubte es den Pfälzern, Truppen auf seinem Gebiet und seinen Burgen zu stationieren. Kurfürst Philipp der Aufrichtige nutzte die Gelegenheit, sah sich als neuer Eigentümer der Felsenfestung und setzte seinem Marschall Hans von Trotha als Lehnsherrn ein.

DIE SINTFLUT Als die Proteste der Weißenburger Klosterbrüder nicht enden wollten, riss Hans der Geduldsfaden: Er baute einen Staudamm in die Wieslauter, das Flüsschen, das als Hauptwasserquelle für die Weißenburger galt und das noch heute fröhlich gluckernd durch das Städtchen plätschert. Auf dem Trockenen sitzend ging Abt Heinrich den vorgeschriebenen Weg und verklagte von Trotha. Natürlich verlor dieser den als Wasserfehde in den Geschichtsbüchern vermerkten Prozess. Genau so hatte es der Berwartsteiner geplant: Auf Anordnung der Obrigkeit beseitigte er den Staudamm und öffnete das Wehr auf einen Schlag. Sintflutartig stürzten die Wassermassen das Tal hinab nach Weißenburg, rissen mit, was mitzureißen war. Die Ernte, Vorräte, Holzhäuser, Gerätschaften, Tiere und Menschen. Not und Elend über Jahre waren die Folge. Heute sind von dem Kloster nur noch die Abteikirche Saint-Pierre-et-Paul (St. Peter und Paul) sowie ein Teil des Kreuzganges zu sehen. Hans von Trotha wurde zur Strafe mit dem Kirchenbann und pro forma mit der Reichsacht belegt. Das soll ihn jedoch wenig gekümmert haben. Von weiteren Streitereien ist nichts überliefert. Noch viele Jahre lebte er unbehelligt auf seiner Felsenburg tief im Wald. Zwei Jahre nach seinem Tod wurden die Sanktionen zurückgezogen. Doch in den Köpfen der Landbevölkerung ist er nie verstorben: »Pass auf, sonst holt dich der Hans Trapp.«

Das besondere Erlebnis

Der Berwartstein präsentiert sich heute als einzige bewohnte Burg der Pfalz mit Führungen, Burgrestaurant und nahe gelegenem Badeweiher. Im Burgrestaurant ist die Wasserfehde bildlich an der Wand festgehalten. Doch selbst an sonnigen, warmen Tagen fröstelt es die Besucher, wenn sie sich vor dem nachträglich angebauten Eingang zur Führung versammeln. Mehr Höhle als Burg konnte der Berwartstein zu Hans Trapps Zeiten nur durch einen Aufstieg im Felsen betreten werden. Angreifer mussten es versuchen, durch eine schmale Felsenröhre in die Burg zu gelangen – nicht wissend, dass dahinter, im Felsen, die Soldaten der Verteidiger warteten. Natürlich gehören die dunklen Gänge im Berg zum Burgbesuch dazu. In pechschwarzer Dunkelheit mussten wir unseren Weg durch die dunklen Gänge finden, bis wir wieder auf ein Licht trafen. Ein irritierendes Erlebnis.

Hans lebte bis zu seinem Tod ungestört weiter.
Heute trifft man ihn auf den Weihnachtsmärkten in Elsass und Lothringen.

Die Heimschule Nickenich sollte ihre Schüler gemäß zukunftsweisenden pädagogischen Konzepten erziehen und ausbilden. (Kapitel 12)

„You never know, what life is like, until you've lived it!" –
Du wirst erst wissen, wie das Leben ist, wenn du es gelebt hast. (Marilyn Monroe)

REGISTER

IMPRESSUM

Verantwortlich: Claudia Hohdorf
Lektorat: Tobias Keil
Korrektorat: Christiane Gsänger
Layout: BUCHFLINK Rüdiger Wagner
Covergestaltung: Mathias Frisch
Layout- und Reihengestaltung: Mathias Frisch
Kartografie: Bruckmann Verlag GmbH, Heidi Schmalfuß
Repro: LUDWIG:media
Herstellung: Alexander Knoll
Printed in Poland by CGS Printing

Sind Sie mit diesem Titel zufrieden? Dann würden wir uns über Ihre Weiterempfehlung freuen.
Erzählen Sie es im Freundeskreis, berichten Sie Ihrem Buchhändler, oder bewerten Sie bei Onlinekauf. Und wenn Sie Kritik, Korrekturen, Aktualisierungen haben, freuen wir uns über Ihre Nachricht an Bruckmann Verlag, Postfach 40 02 09, D-80702 München oder per E-Mail an lektorat@verlagshaus.de.

Unser komplettes Programm finden Sie unter www.bruckmann.de

In diesem Buch wird aus Gründen der besseren Lesbarkeit das generische Maskulinum verwendet. Weibliche und anderweitige Geschlechteridentitäten werden dabei ausdrücklich mitgemeint, soweit es für die Aussage erforderlich ist.

Empfehlung der Redaktion Sie sind auf der Suche nach weiterführender Literatur? Dann empfehlen wir Ihnen den Titel »Lost & Dark Places Eifel« von Heike Pander.

Bildnachweis Alle Bilder im Innenteil stammen von vom Autor Holger Matthias Peifer mit Ausnahme von: Seite 25: Wikimedia Commons, Aidexxx, wikimeida (gemeinfrei); Seite 50/51, 52, 53, 54, 55: Felix Noah Peifer.

Umschlagvorderseite: Papierfabrik Lindenberg (Kapitel 18)
Umschlagrückseite: Schwimmbad im ehemaligen Waldhotel Brabant (Kapitel 11)

Die Deutsche Nationalbibliothek verzeichnet diese Publikation in der Deutschen Nationalbibliografie; detaillierte bibliografische Daten sind im Internet über http://dnb.d-nb.de abrufbar.

ISBN 978-3-7343-2487-1